旅するモヤモヤ相談室

木谷百花 編

世界思想社

まえがき――旅するモヤモヤ相談室へようこそ

「抗生物質？　お腹をこわしたときにいつも、近所の友達からもらって飲んでるよ！」

八月、タイ郊外の小さな村で、じっとりへばりつく蒸し暑さのなか、軒先で一服しているおばさんたちからたびたび聞いたセリフです。

当時医学部二年生の私は、タイで「抗生物質の不適切な使用によって、抗生物質が効かない菌が生まれるしくみを突き止める」ためのインタビュー調査を行なっていました。

「下痢はウイルス性も多いのに、細菌用の抗生物質を飲んじゃうのね……抗生物質っていっても、政府の認定を受けた薬剤師じゃなくて近所の友達にもらったもの……しかもその友達、抗生物質の内服期間を守らずに余らせたってことね……薬剤耐性菌の発生リスクを見事にコンプリートしちゃってる……」と心のなかで呟《つぶや》く私。

けれど、おばさんたちはあっけらかんとしていて、みんなニコニコしながらアイスクリームやクッキーをくれて、なんだか私まで一服気分に……。「なぁ〜んだ」と気が抜けてしまいました。おばさんたちは、本題から逸《そ》れて家族や仕事のことなどまで話してくれます。私は「こんな生き方もありなんだなぁ」と心地よくなりながら、ココナッツ味のアイスクリームを頬張《ほおば》っていました。

問診！　人の人生

タイでの調査を通して気づいたのは、人の生活に入りこみ、話を聞いていろんな人生を想像するときが、私にとって至福だということでした。そんな私は、人に会う機会が減ったコロナ禍の閉塞感に耐えきれず、本を読みまくりドキュメンタリーを観まくり、ルポルタージュや対談記事をネットであさり、病院実習では患者さんの生活歴に必死に耳を傾け、ついには人の人生相談を聞きまくれる占いバイトに勤《いそ》しんだりもしました。医者になると決めたのも、使命感よりも先に人の人生に興味があって、そこに少しでも役立つ形でかかわりたいと思ったからなのかもしれません。

とはいえ、コロナ禍が始まった当初は、医学生として空回りする使命感に悩まされていました。医学生の立場では現場で何か役立つこともできないし、自分が今からがんばったところでワクチンや治療薬を開発できるわけなんて絶対ないし……。そんなときに読んで衝撃を受けたのが、京都大学の藤原辰史先生による「パンデミックを生きる指針」でした。

そこには、ワクチンも治療薬も開発できない、想像力と言葉しか道具をもたない文系研究者でも社会に貢献できる、と述べられていました。歴史学者は「史料を読む技術」を訓練してきたので、「過去に起こった類似の現象を参考にして、人間がすがりたくなる希望を冷徹に選別する」ことができる、というのです。

その文章を読んで、ハッとひらめきました。「科学」以外の方法、つまり、私がもっている人や社会への猛烈な好奇心やフットワークの軽さを活かすことで、コロナ禍の世の中に何かを届けられるのでは？と思ったのです。そこで始めたのが、人にアポをとってインタビューしまくるという企画です。

私の下宿から徒歩五分の京都大学のキャンパスには、これまで世界各地を旅して学問をされてきた先生方が大勢いらっしゃいます。自分たちの環境とは異なる場所に飛びこみ、観察や聞き取りなどの調査を行なうその学問の方式は、「フィールドワーク」と呼ばれており、京都大学では特に盛んです。「この環境を活かさないわけにはいかない！」と思い、フィールドワークをされてきた先生方のもとを訪問することにしました。時には、そのつながりから、他大学の先生方にインタビューする機会もいただきました。

インタビューでお聞きしたのは、現地の人びとのエピソードや、現地の文化、思想など。そしてインタビューのあとには、まるで私まで一緒に現地を訪ねていたかのような臨場感と大きな充足感が残りました。人の生き方や価値観は場所によって驚くほどさまざまで、ときめかずにはいられませんでした。

診断！　現代日本人の心のモヤモヤ

世界各地で学問をされてきた先生方のお話には、日本の生活にも役立つ、現地のさまざまな知恵が凝縮されています。

「自分のことは自分で責任をもちなさい！」という日本社会の風潮に疲れた方には、タンザニア人の「貧しくて貯金ゼロでも、友人とモノを貸し借りすることでふつうに生活していける」という気楽な姿勢が、肩の荷を下ろすための処方箋《しょほうせん》になるかもしれません。

また、「あの人とわかりあえない……」という悩みをもっている方には、ガーナや南インドの儀礼における「人それぞれ、見えている世界は違うものであり、自分にとっての『アクチュアリティ』も、実際の『リアリティ』と同じかはわからない」という考え方が、人間関係を円滑に保つ秘訣になるかもしれません。

そこで先生方へのインタビューを、現代人のいろいろな悩みに沿った「カルテ」という形でまとめてみました。インタビュー内容から、悩みに対する「有効成分」を抽出し、最後には悩みの解決のヒントとなりそうな「処方箋」を示します。インタビューに応じてくださった先生方のほとんどが専門とされているのは、私が専門とする医学とはまったく異なる分野です。けれどそれが、現代人の心のモヤモヤの原因を言語化し、解決のためのヒントをくれる「専門知」になると思うのです。「カルテ」の間には時折、現場での調査のエッセンスが詰まったコラム「待合室の小ばなし」も挟みました。

このように、この本が「モヤモヤを抱える現代人が、専門知をもつ先生方と出会い、お話を聞くうちに心が軽くなる場」になれば、というのが私の願いです。しかも、旅してきた先生方のお話によって読者のみなさんも旅したような気分になり、新しい視点を得て前向きになれる、そんな「旅するモヤモヤ相談室」です。この相談室での出会いが、少しでもみなさんの人生を明るく照らすためのお役に立てればと願っています。

それでは、旅をお楽しみください！

目次

第II部 ピンチをチャンスに変えるための処方箋 67

第Ⅲ部

よりよい社会のための処方箋

旅するモヤモヤ相談室

第1部

毎日を元気に過ごすための処方箋

カルテ

№ 1

お悩み

「私、自分に自信がないんです……」

担当医

小川さやか先生

（立命館大学大学院先端総合学術研究科）

専門

文化人類学

研究内容

小川先生は、タンザニアで行商人の調査をしているうちに、みずからも行商人になってしまったとか……⁉ 持ち前の明るさで人びとと打ち解け、懐《ふところ》に入りこむ先生。そうして知った、現地の人びとの驚愕《きょうがく》の楽観主義！

？ところで先生！ どうして文化人類学者になったのでしょうか？

私はあまり、身につまされることができないというか、たとえば家族の問題を考えるときに、「現代の家族の形態はなぜこうなったのだろう」とか「今の福祉政策には何が足りないんだろう」といった問いでも研究できると思うんですが、身近な問題を深く掘り下げることは当時の私には少ししんどかった。「世界には一夫多妻制もあるし通い婚もあるし、いろんな家族があるよね！」と、家族の別様な形や異なる考え方を探しに行くほうが好きだなと（笑）。「奥さんが四人いるってどういう生活なんだろう」と疑問に思わないですか？ そのような具体的な例を実際に見て研究していく過程で、日本の家族の問題を相対化し、「こうあるべきだ」という思考を解きほぐしていくほうが自分には向いていると思ったのです。

有効成分

＊＊＊＊＊＊＊

タンザニアの商売人の「うまく騙《だま》し、うまく騙される駆け引き」

？アフリカに単身飛びこみ、行商人を始めたという勇気が素晴らしいです。具体的にどこから手をつけたのですか？

大学院一年生のときにスワヒリ語を半年間だけ勉強し、現地に向かいました。スワヒリ語は辞典や教科書があるからなんとかなるけれど、スクマ語とかハヤ語とかの民族の言語になると、もはや現地で何か言われ、「どうやらこれは座れっていう意味らしい……」とメモをしていくしかない（笑）。調査というと多くの人はインタビューを思い浮かべるけれども、人類学者って最初の頃はしゃべれないから、そんな深い話をインタビューしたりはできないのよ。

けれど、ただぼんやりしていてもしょうがないから、できることをしはじめる。たとえば、白地図をもって歩きまわるついでに、靴屋、薬局、銀行など見てわかる情報を書きこんで自作地図をつくる。そうして何度もぶらぶらしていると顔が知れてくるから、挨拶《あいさつ》ついでにどこの出身であるか、いつから店をしているのかなどを聞いてみる。だんだん「この新しい商業地区にはチャガ人が多いな」などとわかってきて、次は「なんでこんなにチャガ人が多いんだろう」と調査を進める。そのうちに、一種の暖簾《のれん》わけシステムや、商売をめぐる民族間のコンフリクトが見えてくる。すると面白くなってくるのです。

？それから、どのような経緯で行商人になったのですか？

最初は、職人の徒弟制度を研究する予定だったのですが、途中から、あちこちの路上を歩いている行商人に興味をもってしまって。もちろん、ここでもどこから手をつけて調査すればよ

いのかわからないので、手探りでなんでもしてみました。

たとえば、彼らはいつも「仕事が大変だ」と言います。それじゃあ、「行商人は何歩くらい歩いているのかを調べよう」と思いつきました。歩数と歩幅がわかれば、どのくらいの距離を歩いているかを計算できるじゃない？　安い万歩計をたくさん買ってきて、行商人たちに「今日はこれを着けて歩いてきて」とお願いしてみたりしました。でも彼らのほうが夢中になっちゃって、途中から、その場で足踏みして歩数を稼いで「俺のほうが歩いた！」とみんな競争を始めるんですよ。「違う違う！　それじゃあ、意味がない」って（笑）。食事調査などもしました。「昨日何食べました？」って毎日聞いているとみんなに煙たがられるから、一〇〇円均一ショップで買ってきた食べ物のハンコと、私が手作りした「朝昼晩」って書いた表を渡して、「チキン食べたら、鳥のマークね」って説明すると、子どもたちが喜んでハンコを押してくれるのね（笑）。それをたとえば、五〇世帯でやれば、その地域の人たちの食生活の傾向がわかる。そのあとに市場に出かけ、その料理を作るのに必要な材料の値段を調べれば、一ヶ月の食費が概算できます。

本格的に行商人の調査をしようと決めたのは、彼らの人間性にハマったということでしょうね。行商人たちって本当に口がうまくてずる賢いのに、愛嬌《あいきょう》があって憎めないんですよ（笑）。現地で知りあった友人を通して行商人に引きあわせてもらう機会があって、「行商人に興味がある」って言ったら、「やってみたらすぐわかる」ということでその場で服を五〇枚くらい渡されて、連れ出されたんです。スワヒリ語で営業の謳《うた》い文句を教えられるので、それを丸暗記して一生懸命やっていると、お客さんがすごく可愛がってくれて、売れるとみんな「よくやった」って褒《ほ》めてくれるので、私も調子に乗っちゃって（笑）。そのうちに、だんだん行商仲間に「こいつは俺の友達の行商人だ」とか「あいつが俺のボスだ」とか紹介されているうちに人間関係にガッツリ巻きこまれて、もはや抜け出せなくなってしまった（笑）。それが二三歳の頃の話です。

？どれくらいの期間、やっていたんですか？

最初は一年弱、向こうに住んで、その間ずっと朝起きたらすぐ仕入れに行って、ボスに信用取引をしてもらい、行商をしていました。二ヶ月くらいすると、お客さんのこともわかってきて、「この服、あそこのおばさん絶対好きだよ」「じゃあ今日はその方面に行くか」と戦略を立てるようになって、彼らの商実践や商売のしくみ、仲間関係をあれこれ調べるように。

大学院の博士前期課程が終わったときに、行商仲間から「さやか、いつまで行商してるんだ。俺たちと一緒にボスになろう」と言われたので、私も露店を経営し、仲卸人《なかおろしにん》をやってみることにしました。仲卸人たちは、三〇〇枚ほどの古着が詰まった「梱《こり》」を街中の卸売店から仕入れ、行商人たちに五〇枚ほど信用取引で卸します。夕方になると行商人たちが帰ってきて、そ

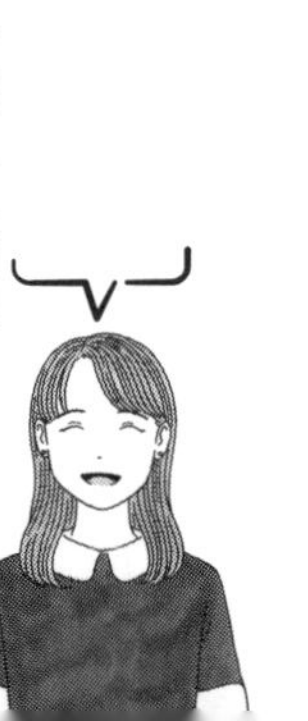

の日売れたぶんの仕入れ代金を返してくれるというしくみです。

私もひとまず三つほど「梱」を買って開いてみたら、行商人たちが次々と「信用で卸せ」とやって来るようになったんです。でも信用取引ってすごく大変。タンザニアには住民票がないし、農村から出てきて正式な名前を名乗る機会すらもなくて「俺のことはJと呼んでくれ」とかって言うんだよね。ジュマなのかジュリアスなのかわかんないけどね。背が高い男の子はみんな「トール（Tall）」というあだ名でした。素性が知れない人に代金後払いで卸すんです。行商人たちはぜんぜん売れない日が続くと代金を踏み倒して持ち逃げするんだけれど、担保もないし保証人もいないし、長屋を転々として生活しているから、捕まえようがない（笑）。

だからなんとかして行商人に毎日代金を支払いに戻ってきてもらうために、彼らが困ったときには生活保障をしたり、時には冷たくしたりという「駆け引き」の知恵がボスには必要なんです。それが「ウジャンジャ」という「ずる賢さ」です。「騙したり騙されたりする駆け引きの塩梅」が調査をしていて一番面白かったところ。そのずる賢い知恵を、みずから商売を経験したり、人間関係を渡り歩いたり、ずる賢い商人たちの話を耳にタコができるほど聞いたりして、身につけていきました。

？何人くらいの行商人を抱えていたんですか？

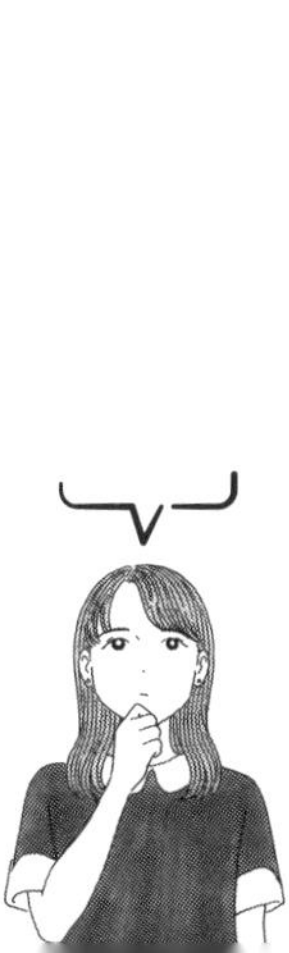

十数人いたけれど、七人に逃げられちゃいました（笑）。じつは最初にボスになったときに、密《ひそ》かに「私は行商経験が長いので、行商人の苦しみもわかっているし、タンザニア人のボスよりもうまくできるんじゃないかな」という驕《おご》りがあったんですね。

私が最初に信用取引を認めた少年は田舎から出てきたばかりの素直な良い子で、売り上げも毎日誤魔化《ごまか》さずに持ってきてくれるから、「やっぱり私、見る目があるんだ」と思っていました。だけどある日突然、その子がいなくなってしまいました。私がすっかり信用してたくさん服を卸したら、持ち逃げされたんです。ショックを受けてほかの仲卸人に聞いてみたら、「それはお前が、完全にあいつに甘えていたからだ。あいつは困りごとがあったのに、それをうまく言うことができなかったんだ」と。

その反省を活かそうと思って、次に取引を始めたのは、双子の男の子の行商人。その子たちも人懐っこくて、いつも一緒に飲みに行ったり、ちょっと売り上げが悪いときはお小遣いをあげたりしてたのね。すると、彼らは甘え上手で要求が増えてきた。それで、私がピンチのときに「ごめん！　でも私のためにがんばって働いて！」って高い売値を設定したら、またしても急にいなくなっちゃったんです。「今度はちゃんと相談にも親身になって乗っていたのに！なんで？」って思ってまた仲卸人仲間に聞いてみたら、「お前はあいつらを調子に乗らせた。要求すればなんでもやってくれるって思われたんだ」って言われて。

そんなことを繰り返して、ついには、まわりのボスたちが「お前は見る目がないから、俺たちが代わりに子分を選んできてやる！」と、ある青年を連れてきてくれました。でもその子が、見るからに小狡《ずる》そうな顔してたの！（笑）しかも、本当に売高《うれだか》を誤魔化す嘘つきだし、すぐに調子に乗ったり怒ったりする少年だったんだけど、でもね、その子は初めて、ずっと逃げずにいてくれたんです。

彼は本当にずる賢いから、私のほうも彼に親切にしようなどとはまったく思っていなくて、「このタイミングでちょっと怒ってみるかな」というふうに、毎回本気で駆け引きするようになってたんだよね。そしたら本当に友情みたいなのが湧いてきて。ふだんはあの手この手で嘘をつくんだけれど、私が本当に困っているときにはちゃんと働いてくれるんです。ウジャンジャな彼のおかげで駆け引きの交渉術がわかってきて、私もウジャンジャになり、ほかの行商人にも逃げられないようになりました。

有効成分

＊＊＊＊＊＊＊

自分とは異なる能力や資質をもつ、「外付けハードディスク」的友人たちに頼る生き方

？

都市生活が安定していないからこそ、騙したり騙されたりの関係が成り立つと思うのですが、今の日本での生活に応用できることはあるでしょうか？

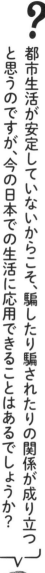

ポイントは「ついで」に「投擲型《とうてき》のやりとり」をするということです。タンザニアでは助けあいの大部分が、無理のない「ついで」の範囲で回っています。彼らの広いネットワークに困りごとを投げると、そのときに何かの「ついで」にそれを手伝える人が一人くらいは現れる。そこで大事なのは、仲間の人数ではなくて、仲間のバラエティ。政府関係者や大企業の社長といったえらい人から、泥棒や囚人《しゅうじん》に至るまで（笑）。詐欺に遭《あ》いそうになったとき、一番役立つ情報を教えてくれるのは詐欺師だし、ビジネスを立ち上げるときにはどこかの企業の社長の話が役立つし、でも人生どん底で追いつめられて何か悪いことに手を染めてしまって「もうあかん、自首するしかない」ってときには、少しでもましな囚人ライフを考えるしかない。そうなったら、元囚人フレンズの話が一番役立つじゃないですか（笑）。

自分の将来がどうなるかわからないからこそ、多くの種類の人間に贈与したり支援したりしてつながりをもっておく。そうすると、私の人生は一つしかないけれど、私がまいた種はいろいろな人のもとでいろいろな形で花開くわけです。だから、タンザニア人は、貯金はなくても人間関係さえあれば生きていけるとよく語ります。

一方で日本のコミュニケーションは、「私が誰かを助けたら、その人が私を助けてくれる」という「キャッチボール型」なんだと思います。それはたしかに強い絆《きずな》は築けるかもしれないけど、誰かが期待に応えられないと、「なんであなたはやらないの？　私だけがんばってて、損してるよね？」という不満が蔓延《まんえん》する。

でも経済的な格差が広がり、社会的多様性と流動性が増した今の時代は、そのやり方が難しくなってきているとも思います。だから、たとえばタンザニア流の「投擲型」のコミュニケーションを考えてみる。つまり、SNSの広いネットワークに「こんなことをやりたい。誰か力を貸して！」と投げすてて（投擲）、応答が来るのを待つ。みんな自分が困ったときにはやっぱり助けてほしいから、人の困りごとに対しても、自分が無理なくできる範囲で「力貸すよ」という応答が、たまに返ってくるんです。

とはいえ、「キャッチボール型」と「投擲型」のどちらがあうかはその人が置かれた状況次第です。私は「タンザニアの投擲型が優れていて日本のキャッチボール型がダメだ」というスタンスではありません。でも「投擲型」にも合理性があるのですよ。

？タンザニアの方は、日常生活でも仕事でもＳＮＳをかなり活用しているんですね。

私は香港に移動したタンザニア商人の研究もしていますが、国境を越える貿易だと相手の顔を知らないこともあるので、彼らはＳＮＳで「今日はこの店主の調子は悪いのかな」とか、「この店主、最近すごく売行きがよくて調子がよさそう」とかいうのを判断して取引相手を選択したりします。人には、良いときも悪いときも、晴れの日も雨の日もあるんだと。

たとえば日本のネットショッピング大手サイトの、消費者による評価システムでは、配送が遅かったり商品が期待はずれだったりするとすぐに悪い評価がついてしまう。ただもしかすると、商品の配送が一週間遅れた原因は、販売元の家族が急病を患って緊急入院して、でも自営業なので配送は自分でするしかなくて、それで仕方なく遅れたのかもしれない。けれど消費者はそんな背景を知らないから、「配送が遅い」ってコメント欄が荒れて、たとえ商品がよくても、その商品はもう二度と売れなくなってしまうわけです。

もちろん、タンザニアのＳＮＳにも嘘や誇張はあり、見極めに失敗して騙されることもあります。けれど、そもそも人間なんてそんなうまくできていないし、世界は前提として不条理で、裏切りなども込みこみなんだと。だからこそ、裏切られた人はうまくいっている人からもれなく助けてもらえるという、セーフティネットのシステムがあるんですね。

？日本では、すべてのコミュニケーションを投擲型に置き換えるのは難しい気がするのですが、日本人にも活かせる点はありますか？

もう一つ、投擲型のコミュニケーションとつながるのが「分人《ぶんじん》」という考え方です。私たち日本人の研究やビジネスの世界は、「個人と個人のスペックを相互評価して、将来に備えて連携を結ぶ」というものですが、一方でタンザニアは分人主義。つまり、「私の一部は誰かのおかげで成り立っているから、誰かも私のおかげで成り立っている」というのを認めていく社会なんです。貯金ゼロでもふつうに生きているタンザニア人たちの秘訣は、そこにあります。

たとえば、私の現地の友達は、あるとき「お金持ちの家の娘に恋をしてしまった」と打ち明けてきた。「これはみんなで一肌脱ぐぜ！」と、デート前日に、靴屋の友達が靴を貸して、服屋の友達が一張羅を貸して、時計屋や雑貨屋の友達が時計やカバンを貸して、タクシー運転手の友達がタクシーを貸して、私がお小遣いをあげて、彼は一夜にしてハイスペック男になったの（笑）。彼は翌日、彼女にアプローチしてつきあって、晴れて結婚までしたんだけれど、ずいぶんあとになってから奥さんと話してみると、もう最初のデートの途中で、借り物だらけの男だということには気づいていたらしくて（笑）。それでも結婚したのは、「困ったときにいろいろなタイプの人から必要なものを一瞬でそろえられるんだから、それは、『持っている』のと同じ。それに、助けてくれる人がたくさんいるということは、彼がみんなに愛されている証拠だと思ったから」だそうです。分人というのは、「私」のスペックに加えて、もっと有能な外付けハードディスクがたくさんある状態なんですね。

そう考えて生きれば、「私」は一人だけれど、その「私」は自分が誰かにあげた贈り物や、してあげた恩とともに、大きな世界のいろいろな人のもとに散らばっているわけです。そう考えるとね、すごく気楽なんです。

？行商人の方は、コロナ禍の今、どうやって生活をしているんでしょうか？

有効成分
****
もっと調子よくなっても良い！
イエスかノーかだけじゃない「感情」のとらえ方

行商人は国内でふつうに商売をしていますが、中国や香港を拠点に商売していた人たちはピンチです。それでもみんなすごいのが、すぐに仕事を辞めて、「お店を売って得たお金で、今は農村で養鶏場やっているよ」とか、本当に行動が早いの（笑）。もともと複数の生計手段をもち、仕事を柔軟に変えていく生き方をしていたので、ピンチには慣れているのよ。

私の友達の一人は最近、「これからは社会不安で泥棒が増えるから、警備員が儲かる時代！　でもいきなり警備会社を始めるのは大変だから、それっぽい制服を作るだけでも十分じゃない？」と思ったらしくて。すぐに友達の仕立て屋さんにワッペンのついた警備服を作ってもらって、露店番をクビになって仕事にあぶれている人たちに着せたんだよね。それが、「ちょっと二時間だけ店を見ていてほしい」というような、庶民の警備需要にハマった。彼女はＳＮＳで「いま警備に来てほしい人、私に連絡してね」って拡散して商売をして、すごく儲かっているらしいですよ（笑）。

？ コロナ禍以降の日本の社会情勢に対し、何か思うことはありますか？

日本人は、「祭り」や「喧嘩《けんか》」がとても下手になっている印象です。「祭り」や「喧嘩」というのはもちろん、地域で神輿《みこし》を担ぐような物理的なものも含みますし、特にこのコロナ禍に、オンライン上で何かの話題に関して盛りあがることも含みます。

本来は子どもの頃に経験する遊びと同様に「これ以上はやったらダメ」ということを実践的に学びながら、同時にガス抜きもしていくんです。たとえば、チャンバラごっこをしていても、これ以上、力を入れて叩いたら遊びじゃなくて喧嘩だなと子どもたちは言語化しなくても調整しています。タンザニアの商交渉における「ウジャンジャ」も、騙しはするけれど、追いつめすぎてはいけない、遊戯としての騙しなんですね。けれど最近は本当に喧嘩が下手で、すぐに失言が炎上したり、特にオンライン上では非難合戦になったりしやすい。

祭りも「喧嘩」を儀礼化したようなものだと思うんだよね。ハレとケをわけるというか、日常生活の構造から外れた「コミュニタス」という一瞬のカオス状況ができるからこそ、節度を保ちつつ、ふだんの日常ではやってはいけないこともできる。だから、日常に戻ったときに、うまく生き直す活力を得られる。飲み会の無礼講もコミュニタスの一種でした。そこで先輩や先生とタメ口をきいてガス抜きをし、「この先輩、ふだんはえらそうにしてるけれど、意外と可愛らしいところもあるな」「この若者の生意気さはなんだか憎めない」などと了解を得ると同時に、傷つけない暴言とそうではない暴言をいろいろな形で調整し、学ぶ機会でした。それを通じて日常の生き直しをしていたわけですが、今そういう場はハラスメントだと言われますし、無礼講を上手にやれる場がなくなっているんじゃないかと思います。

？ SNSでは、炎上すると簡単に殺傷能力がある言葉が飛んできて止まらなくなって、お互いどんどん傷ついていく感じがします。

もう少し、お調子者になってみても良いと思いますよね。今は、ちょっとでも言行不一致があったら許されない雰囲気になっています。そうすると、引くに引けなくなるのだと思います。

とある心理学の実験の話なのですが、死刑制度や動物保護などの二者択一のテーマで「賛成」か「反対」か「どちらでもない」かを選ばせて、「賛成」と「反対」の人を議論させ、「どちらでもない」を選んだ人にもどちらかを選ばせて、議論させるというのがあるそうです。すると、最初に「賛成」と「反対」を選んだ人は、相手側の意見に納得したら、わりと自分の意見を変更する。もともと根拠があって発言しているから、その根拠に対して「違う」と思えば、立場を簡単に変えることができるんだけど、最初に「どちらでもない」を選んだ人同士を戦わせると、絶対にあとに引かない（笑）。

？どうしたら、私たちはうまく「お調子者」になれるんでしょうか？

「感情や感情規則は文化ごとに多様であり、いつでも作り変えられる！」と心にとどめておくことが大事だと思います。文化人類学は元来、それを示す急先鋒の学問でした。今はだんだんと生命科学の分野が強くなってきて、たとえば人文科学の「自由意志とは何か」「人間にとって感情は何か」という議論も、神経科学や生命科学の領域で「脳の扁桃体がこう反応する」「ミラーニューロンがこんな働きをする」というふうに説明されるようになってきてしまっていますが、もう少し、人間に関する思索を手放さない、人文学的な歩み寄りも必要だなと。

たとえば、ヤン・プランパーの『感情史の始まり』（みすず書房）にこんな話があります。とある民族で争いがあって首狩りに行くというときには、みんな怖がってブルブル震えるじゃない？　けれどもその民族の文化では、その「恐れ」の感情は精霊が兵士の体の中に入りこんで引き起こしているものだから、その精霊を開放するために、自分より地位が高い女性の股を潜《くぐ》る、という儀式をするらしいです。それは悲しみや怒り、恐怖といった感情が「心の内」で起こる反応ではなくて、精霊という「外部」のものが入りこむことで起こってくるものだという考え方ですね。震える人を臆病者とするかどうかは私たち次第かもしれない。

実際、「悲しみ」や「怒り」という感情を表す言葉がない民族もありますし、私たちの言語に翻訳できない感情を表す言葉をもつ民族もあります。さらに感情に関する社会の規則も多様です。「葬式では泣くものだ」「営業ではスマイルが大事」というのだって、文化的に構築されたものなのですよ。「ふつうはここで共感できないなんておかしい」「ここでは怒るべきだ」などといった自他の感情についても、別の解釈や理解の仕方があるかもと想像してみると、ちょっと肩の荷が下りる気がしませんか？

処方箋 №1

自分一人のスペックで生きようとしなくても大丈夫！ バラエティ豊かな仲間をもって、自分の無理のない範囲で恩をまいておくべし。そんな仲間は、いざというときに有能な外付けハードディスクとなって助けてくれるはず。

症状にオススメの本

ジリアン・テット
『Anthro Vision（アンソロ・ビジョン）——人類学的思考で視るビジネスと世界』（日経BP社）
研究者になるわけじゃないのに、人類学を学んで何の役に立つの？と思う人にぜひ読んでもらいたい。ビジネスに活用される人類学の経験や思想、企業と連携する人類学者の活躍がわかりやすく書かれている。人類学は、私たち自身がからめとられている常識を見つめ直す道具にもなる。

デヴィッド・グレーバー
『負債論——貨幣と暴力の5000年』（以文社）
人間には晴れの日も雨の日もある。けれども私たちは、その人がその時々で置かれている社会的文脈から切り離し、業績や給与など数値や貨幣に置き換えて人を評価することに慣れてしまった。負債の歴史を紐解きながら、人間がモノや貨幣に置き換えられない世界について今いちど考えてみよう。

松村圭一郎
『くらしのアナキズム』（ミシマ社）
イデオロギーとしてのアナキズムではなく、暮らしのなかにあるアナキズムを考えること。それは制度やルールからではなく、人びとが日々かかわりあう知恵を通じて社会が築けることを知ること。私たち自身で秩序はつくり変えられることを知ってほしい。

カルテ

№ 2

お悩み

「幸せって何か、わからなくなっちゃって……」

担当医

坂本龍太先生

（京都大学東南アジア地域研究研究所）

専　門

フィールド医学

研究内容

医師である坂本先生は、ブータン・ヒマラヤ山脈の村で、診療や健診をされていました。山奥の人びとの健康を守るために何日もかけて徒歩で向かっていたそう！　そんな超秘境で出会った人びとの、「幸福」の価値観とは？

？先生はどうしてブータンで医師をすることになったのでしょうか？

ブータンに最初に惹《ひ》かれたのは、僕が小学生の頃、昭和天皇の崩御でブータン国王が日本にいらっしゃったときのこと。ほかの国がバブル真っ只《ただ》なかの日本に経済的援助を求めてくるなかで、ブータン国王はそんなことはせずに「天皇への哀悼の意を示しにきただけなので」ときっぱりおっしゃっていたんですね。それを見て、すごくかっこいいなと思った。

決定打は、大学五年生の冬休みの帰省時に観たテレビ番組です。元力士の舞の海さんが、ブータンのダムジというところで土俵を作って、子どもたちと相撲をとっていたんです。もうね、子どもたちの笑顔が本当にキラキラしていて、「こんな生き生きとした子どもたちがいる、自然に囲まれた場所に行ってみたい！」と思って。帰省から戻ってきてすぐ、東北大学の国際保健の教室に「ブータンに行きたいです！」と駆けこんだのですが、「具体的な目的がないなら旅行で行け」と跳ね返されて（笑）。たしかに、当時の自分は何も返せるものがないと思っていたので、医者になって返せるものができたら行きたいと、そのときに強く思いました。

大学院が終わったタイミングで、総合地球環境学研究所の奥宮清人が代表を務めるヒマラヤチベットの高地で健康調査のプロジェクトに、参加する機会をいただきました。私の恩師にあたる松林公蔵先生が、当時のブータンの首相と友達だった栗田靖之先生を紹介してくれました。

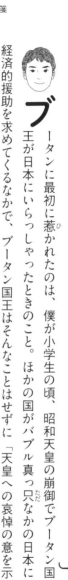

栗田先生と一緒に首相に手紙を書いてもらえることになって、そこからつながりが生まれました。そのあと紆余曲折ありましたがなんとか交渉が成功して、現地に向かえることに。名前も「龍太」ということで、「龍の国」と呼ばれるブータンとご縁があったように感じます。

有効成分

「酒を飲みたいから金をくれ」……高地の人びとの達観！

先生は、お医者さんとしてブータンに赴任していましたね。西洋医学が発達していない現地では、強い使命感がないと務まらなかったのでは？

使命感や気概《きがい》というよりは不安が大きかったですね。医者がいない村に一人、しかも器具も少ないなかで「こんな患者さんが来たらどうしよう」と心配で、あれもこれも……と大量の荷物を担いで山の上の診療所へ向かいました。ただ、現地に行ったらもう現地のシステムに頼ることにして割り切って、そのなかでベストを尽くそうと思いました。人口三〇〇〇人の村に一人の医者……といっても、訓練を受けた看護師さんのような「ヘルスアシスタント」という方が数人いて、薬の処方などもできるので、その方たちと協力して診療を進めていました。村のすべての家を回って訪問診療していたので、村のみんなの顔はだいたい見知っていましたね。

高齢者全員の家を回るプロジェクトでは、一軒のために三日かけて山を登って谷を下って、三日かけてまた山を登って谷を下って帰るということも……（笑）。あと、僕の行くところ行くところで「具合が悪いんだけど……」と声をかけられたり、患者さんが、ダーッと列を成していたりする（笑）。

それでもやっぱり、現地の方からの期待もあったし、それまで日本人の先輩たちが培ってきた信頼があったから、下手なことはできない。日本の農業を二八年かけてブータンに広めた西岡京治さんの功績や、最近ではＪＩＣＡ（国際協力機構）の尽力もあって、日本の評価がすごく高かったんですね。そんななかで、僕も未熟ながらなんとか仕事をやろうとがんばっていました。

当時僕は医者になって九年目頃で、日本の病院では救急を担当していました。たとえば道端で急病の方に遭遇した際に、「何もできません」とはなりたくなくて救急科を選んだのですが、それでも「ここまでやったから十分だ」というのはないですし、現地でも、なんでも一人でできるような医者になるというのは難しい。患者さんに寄り添いながらも、どこかで踏ん切りをつけなくてはいけないと思います。

？ 現地でお医者さんをしていて「さまざまな人と友達になった」とのことですが、距離が近いからこそ、経験できたこともあったのでは？

社会の縮図を、病気を通じて垣間見ることができるのが面白いですね。日本の救急現場で働いているときは、忙しくて本当に幻聴が聞こえていました。寝ているときでも、耳元で呼び出しコールの音や、ピーポーピーポーという音が聞こえて、でも実際は何もなくて……これ本当の話ですよ（笑）。僕だけじゃなくて、まわりの医者もそうなっていたんですね。そんななかで次々とやって来る患者さんを効率的に診ないといけないので、ガイドライン的な対応になってしまって、患者さんにゆっくり向きあえない。きっと一人一人の人生はすごく面白いはずなのに……。

それなら、ブータンでゆっくり目の前の患者さんと向きあえたほうがいいのかなと思ったのも、ブータンに行く決心をした理由の一つです。今僕が大事にしたいと思っているのは、「目の前の一人、目の前の一つに向きあう」ということですね。

現地で印象に残ったエピソードはいろいろあるんですが、僕は医者になってから初めて、患者さんに「酒を飲みたいから金をくれ」と言われましたね。びっくりして最初は断ったんですが、その患者さんの家を見せてもらったら、ものすごく高い山の上にあって、電気もテレビもない質素な生活をしていて、もう日本人とはぜんぜん違う世界を生きているわけです。そういう人たちが時々街に降りてきて、ヤクのチーズとかを、酒やトウモロコシと物々交換します。そのときも街に降りてきたタイミングだったんですが、そこで僕が断ったら、ニコッて微笑んで帰っていったんですね。その笑顔を見たときに、「もうこっちの理解を超えている。本当に達人だ」と思いました。それで追いかけていって、「これでお酒飲んで！」ってお金を渡して、友達になったよね（笑）。

有効成分
****
すべての出会いを「前世のご縁」と感謝する、前向きな姿勢

？ お医者さんの立場と現地の人となじむ立場のバランスは、どのようにとっていましたか？

村の一員としての僕の役割がたまたま医者だったというだけなので、バランスというよりは「僕が医師として貢献するからこそ、一つの役割をもった存在として認めてもらえた」という気がしました。だから、溶けこむことと、医者として貢献することとはつながっていたように感じます。

それにまぁ、お酒を飲んだり一緒に歌ったりしたら友達になれるよね！（笑）現地では、多くの人は前世を信じていて、「日本なんていう、とても遠いところから来ている」ということで「前世で僕らは親子だったんだ。その縁があってこそ、今こうして出会っているんだ」と。息子みたいに可愛がってくれて、本当に嬉しかったですね。

ブータンの人たちを毎年日本にも呼んでいたんですが、彼らのなかに、道を歩いていて日本人とすれ違うたびに会釈をしている人がいたんです。その理由を聞くと、「ここでこの人とすれ違うのも縁があってこそだから、本来なら一人一人に挨拶したいところを、会釈で我慢しているんだ」と言っていました。そういうところが親しみやすくて、素敵だと思いますね。

？先生は西洋医学を扱うお医者さんとして、現地で伝統医療を施《ほどこ》すローカルヒーラーの方とはどのように共存していたのでしょうか？

ローカルヒーラーは村に何人かいて、お年寄りの方が多いのですが、彼らも西洋医学を信用しているので「西洋医学も足りないところがあるし、自分たちの技術も足りないところがたくさんある。だから組みあわせて補いあう」という姿勢でやっているようでした。

僕が行った当初は、彼らは自分の技術を見せなかったんですね。後あと仲良くなってから聞いたら、「自分たちのやり方を批判されて逮捕されるかと思った」とのことで（笑）。でも、本当に技術はすごいんだよ。彼らが骨折を整復したり、ギプスを竹で作ったり。とあるローカルヒーラーのおじいちゃんは、まずは家畜で練習したらしいです（笑）。誰かに聞いたりオリジナルで開発したり、やり方は人それぞれですね。

儀式的な治療についても、最初はどうなんだろうかと思っていましたが、それによって現地の人たちが安心するという側面もありますよね。だいたいの病気って、時間とともに治るでしょ？　けれど誰かが何かをしてくれないと落ち着かない。現地では医者がいないので、彼らは使命感もあって、効くか効かないかわからないけれど、心を込めて儀式をしているようでした。そうすると、患者さん本人も家族も安心してくれるんですね。

仕事の中身に関しては、現地の伝統医療との折りあいはどのようにつけていましたか？

僕は「西洋医学の視点から信じることは言うけれど、最後は現地の人に決めてもらう」というスタンスでした。あるとき、現地で「熱が下がらない」という女の子の家に往診に行くと、首に傷があって「ドゥクラカン（ローカルヒーラー）がここを切って血を吸って、『もう大丈夫！』と言ったけれど熱が下がらない」と。僕はそこで感染症を疑って、抗生物質を飲むことを勧めたんだけれど、そうすると本人と家族と村人たちが、集まって相談を始めるんですね。僕はそこに無理矢理介入したり、考えを押しつけたりということはできないと思いました。

忘れられないのは、道路のあるところから六時間かかる山の上でのお産の際に、赤ちゃんに先天的な腹壁破裂が起こっていたこと。その赤ちゃんのおじいちゃんやお父さんは「この子はもう助からない」とあきらめていました。その日は大雨で土砂崩れの恐れもあり、当時はヘリコプターもなかなか呼べなかったので、「こんななかで移動すると僕たちが死んでしまう」と村人たちからも反対されました。そんな事情もあって無理強いはできないけれど、やっぱり僕はあきらめられなくて、説得しつづけていました。明け方にやっと、ちょうど少しだけ雨が弱まったタイミングで、それまで赤ちゃんを頑《かたく》なに抱こうとしなかったお父さんが、赤ちゃんを抱っこして、「やっぱりこの子を助けたい。一緒に運ぼう」と。結局、あと一時間で道路に着くというときに赤ちゃんは亡くなってしまいましたが、あの事例はどうしようもなかった部分も、どうにかできた部分も両方あったのではないかと、今でも思い返してしまいます。

あと、腕が骨折している可能性があるおばあちゃんがいて、「設備がある病院に行ってレントゲンを撮ろう」とアドバイスしていたのですが、おばあちゃんは「牛の世話があるから家を離れられない」と言って病院に行ってくれない。「病院に行ったら治せるのに……」とショックでしたね。先の赤ちゃんの事例のように、「間違いなくこの治療法を選ばないと助からない！」という場合には必死で説得しますが、このような事例では、説得しても最後に決めるのは本人でしかないのだと、思い知らされました。

？現地の診療所には、どのような病気の患者さんが来ていたのでしょうか？

診療所に来る患者さんの病気の種類は、胃腸炎や風邪、外傷、膝《ひざ》や腰の痛みなど、日本でもよくある症状が多かったです。現地では各家でトウモロコシを原料に焼酎を作る文化があって、ふだんはやさしくても、お酒を飲むと暴れて奥さんを傷つけてしまうといった旦那さんもいて、

ドメスティックバイオレンスの患者さんも運ばれてきていました。
診療所は山のほうにあって、レントゲンも心電図もとれなかったし、CTスキャンは二〇一〇年当時、首都の一ヶ所の病院にしかありませんでした。日本では約五割と言われているピロリ菌の感染率も、ブータンでは九割ほどという報告があって胃がんのリスクが高いのですが、胃カメラの検査をできる人が非常に限られていました。それに、そこで診断がついたとしても手術するとなるとまた外科医が必要です。今は現地でもお医者さんは増えてきてはいますが、やはり日本の医療に慣れていると、人材や器具の不足を感じ、やるせない気持ちになりますね。
そもそも日本だったら一家に一台あるような体温計や血圧計も、郡レベルに一つある診療所にしかないような状況です。それを各村レベルで測れるように、今、プロジェクトを継続してやっています。

有効成分
＊＊＊＊＊＊＊

「自分も幸せになって、かつ、まわりも幸せになったらいい」という正直さ！

？

ブータンの人びとはGNH（国民総幸福量）を重視する「幸せの国」と言われていますが、そこにはどのような要因があるのでしょうか？

ブータン人の多くは「自分や家族、人間にとって何が本当に大事なのか」ということに関して優先順位をつけているように思います。たとえば、仕事で政府の高官などを交えた大事なミーティングの予定などを決めていても、「俺は今から友達と会う予定があるから」と呑気《のんき》にお茶飲んだりしているんですね（笑）。しかも、そこで会って話しているのは、何気ない世間話。こっちとしては「今じゃなくていいでしょ！」とイライラするんだけど、彼らにとっては、そのときはその友人関係が一番大事なんですね。日本人は、仕事でもお互いに足を引っ張りあって首を絞めているようなところがありますが、ブータンの人びとは互いに寛容だと感じます。

ブータンは海がない国ですが、海を見ると罪が浄化されるという言い伝えがあるんです。日本に来ると、彼らはみんな必死に海を見ながら祈っています。それも、自分の幸せだけでなくて、「自分を中心につながったすべての人びとの罪が浄化されますように」と祈っているんです。そこにあるのは、自分を犠牲にするというよりは、「自分も幸せになって、かつ、まわりも幸せになったらいい！」という考えだと思います。人間として正直ですよね。

？ブータンの人びとは具体的にどのような方法で、幸せを実現していたのでしょうか？

「自分を犠牲にするのでなく、自分もまわりも幸せになる方法を追求する」ということだと思います。ブータンの高齢者の方々に「どんなときに幸せを感じますか？」と尋ねる調査をした

ことがあるのですが、もっとも多かった答えが「家族や友人と一緒に過ごしているとき」というものでした。素朴な答えですよね。日本人でも、一番の願いとして心の底から「大金持ちになりたい」とか「自分の土地を広げたい」などと考えている人はそれほど多くはないように思いますし、まわりの幸せは自分自身の幸せにもつながることで、自分の幸せと他人の幸せは両立できることが多いのではないかと思います。社会の幸せというのは、その構成員である一人一人の幸せによって実現するものですよね。だから、一人一人が自分自身の本当の幸せを追求するというのは大事なことなんじゃないかと思います。

ただ、ブータンでは今まさに近代化が顕著で、寛容性も少しずつ失われてしまっている気がします。都会で学校教育が充実してきて、若者は地方から都会に出ていく。そうするとまた競争社会になって、より偏差値が高い学校に行こう、よりお給料がいい仕事に就こう……とキリがなくなります。とあるおばあさんは、「これまで親子三代で農業を営んできて、不作のときは飢えたり、電気がなくて不便だったりしたけれど、一緒に歌って酒を飲みながら楽しく暮らしてきた。今はインドからの安い食料が輸入されて、不作でも大丈夫。電気もバスも病院もあるし、子どもたちは村を離れて、いい学校に行って、都会で活躍したりお金を送ってくれたりして、たしかに誇らしいんだけど、やっぱり昔のほうがよかった。『自分のほうがたくさんもっている』と争う意識が芽生えてきて、毎日ストレスがかかるようになった」と。これまでのゆとりを損なわずに、発展のプラス面とマイナス面のバランスがとれた社会を作る方法を探っていく必要があるのかなと思います。

？ ブータンでのご経験を踏まえ、現代の日本人がどうすればさらに幸せになれるか、アドバイスをお願いします。

今、寿命はたしかにブータンより日本のほうが長いわけですが、自分が幸せを感じている時間はどちらが長いかわからないですよね。日本人の僕たちは、受験勉強をして、大学では単位をとるために、あるいは就職するために勉強して、社会に出てからも時間に追われて仕事をしています。ブータンの人びとは、平均寿命は日本よりも短いかもしれないけれど、朝から晩まで友達や親戚と集まって、お酒を飲んで他愛ないことで笑いあいながら、トランプの賭け事をしていますよ。こんなのは日本じゃ許されないことだよね（笑）。そういう姿を見ていると、過ごしている時間の豊かさが違うなぁとつくづく感じます。

だから、日本人も「自分の心の声を聞く」ことを大事にしたらいいと思います。「この仕事、この課題をやらなきゃいけない！」という固定観念や他人の価値観に縛られるのでなくて、自分自身が本当にやりたいことや、過ごしたい時間の優先順位を考える。自分が幸せになれば、それは社会全体の幸せにもつながるはずです。現代日本でも、そうやって幸せを実現していければ素敵ですね。

処方箋 №2

自分の心の声を聞いて、本当にやりたいことや、過ごしたい時間の優先順位を考える！ キャリアがなくても経済的に貧しくても、大切な人と毎日笑って過ごせれば濃厚な人生にできるはず。自分が幸せになれば、社会全体の幸せも作れる！

症状にオススメの本

今西錦司
『自然と山と』（筑摩書房）
『生物の世界』が有名であるが、こちらの本ではもう少し肩の力が抜けていて、自然と接し、ふと抱いた問いへの答えを思考している。自分自身が好奇心をもつことでまわりの世界が輝いてみえることを教えてくれる一冊である。

津田晃代
『最後のストライク――津田恒美と生きた2年3カ月』（幻冬舎文庫）
広島東洋カープの津田恒実選手の闘病の姿を妻である著者が記述した一冊。球場のような大観衆の前ではなかったけれど、愛する人に見守られて最高の一球が投げられたことがわかる。生きることの大切さを教えてくれるとともに勇気を与えてくれる。

日高敏隆
『春の数えかた』（新潮文庫）
日常生活のなかで触れる生物の魅力を教えてくれる本。生物に対する温かい目線が感じられる一冊。自分たちの気づかない所で生き物の世界が広がっていることを教えてくれる。

カルテ　№ 3

お悩み

「あの人、何を考えているのか
本当にわからなくて……」

担当医

石井美保先生

（京都大学人文科学研究所）

専　門

文化人類学

研究内容

石井先生は、ガーナと南インドで宗教実践についての調査をしてこられました。儀礼の場では、小人《こびと》の姿をとらえたこともあるとか……？「異世界」に対する感性豊かな先生の手によって、「『現実』の見方」が紐解かれます。

先生はどんなところに惹かれて文化人類学を始めたのですか？

人に興味があったので、学部生時代は文化人類学を専攻し、スリランカで調査をされていた文化人類学者（足立明先生）のもとで学んでいました。なかでも、「リアリティ」（共有された現実）と「アクチュアリティ」（行為的現実感）との間のズレや、そうしたものも含めた現実構成のあり方、「現実が揺らぐ現象」のようなものに関心がありました。たとえば、一般的には「現実」とは思われていないことでも、自分にとっては紛れもない確かな経験であって、それによって自分自身が支えられている、というようなこともあります。

そこで、「現実」とされていることを「本当か、本当でないか」という分け方をするのではなくて、それを「アクチュアリティ」としてとらえてみたいと考えたんです。卒業論文は統合失調症の患者さんの作業所に通って一緒に作業をしたり、精神科の医師にお話を伺ったりしてまとめました。

有効成分
＊＊＊＊＊＊＊

現実のとらえ方なんて、人によって違ってあたりまえ！
「アクチュアリティ」基準の考え方

先生はガーナと南インドという、二つの国で調査をしていたのですね。

はじめは修士課程で、「行ったことがないからアフリカに行ってみようかな」とタンザニアで調査を始めたんです。たまたま路上で仲良くなったのが、都市出稼ぎ民の「ラスタファリアン」（ジャマイカ発のアフリカ回帰運動に傾倒する人）たちで、彼らとの生活をそのまま研究テーマにしました。博士課程からはガーナに移り住み、妖術や精霊祭祀《さいし》について調査をしました。

その後しばらく経って、次の長期調査の際に南インドを選んだのは、当時四歳だった長女も含めて家族で渡航しやすいと考えたからでした。南インドでは、カルナータカ州・南カナラの農村で主に神霊祭祀の調査をしました。精霊と神霊はどちらも霊的な存在で、厳密に区別することはできないのですが、神霊祭祀は精霊祭祀に比べてより組織化されているといえます。マンガロール大学の民俗学者の方に調査助手を紹介していただいたのですが、その方のお父さんの家系が、たまたまある村の神霊祭祀で重要な役割を担っているお家だったんです。そこで、その方の出身村に家を借りて、家族で住んでいました。

先生も現地で儀礼に参加された際に小人をご覧になったそうですね。儀礼中の人たちにとって見えているだけで、現実とは違うのでは？

小人をはじめとした精霊の存在について考えるときには、最初にお話しした、「リアリテ

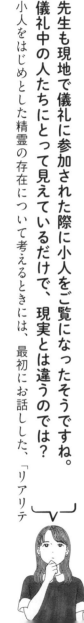

イ」と「アクチュアリティ」についての議論が手がかりになると思います。

ガーナにしても南インドにしても、儀礼などの際に精霊が人に憑依《ひょうい》（精霊や神霊が人間にのりうつること）するとき、その存在は憑坐《よりまし》（精霊や神霊を一時的に宿らせる人のこと）の身体を通して顕在化されます。それは、完全に目に見えないものを「自分だけが主観的に感じている」というのとも違う。儀礼の場では、そこに参与する人びとにとって、精霊の存在がアクチュアルなものになっているといえます。

たとえば日本でも、能楽などはある型をもった表現を通して、ふだんは潜在的（ヴァーチャル）なものを顕在化させる洗練された様式をもっていますよね。そんなふうに個人の主観的な意識の問題というよりも、ある人びとにとっての「現実」なるものが行為を通して生み出されるという意味でのアクチュアリティの生成として、神霊や精霊の現れをとらえることができると思います。

また、憑依について言うと、特にインドの南カナラの儀礼は、ガーナの精霊祭祀に比べるとよりフォーマルな形式をもっています。でもだからといって、すべてが予定調和的に進んでいくわけではないんです。たとえばある年には、村の中で争いごとが起きて村人同士も対立し、あげくの果てに儀礼を準備していた社《やしろ》の敷地内で小競りあいになって、警察が呼ばれるという騒ぎがありました。そのあとの儀礼では、憑坐に憑依した神霊が激怒して、それをなだめようとした領主の一人が地面に打ち倒されるということが起きました。村人たちは、神聖な場所に警察が踏みこんだことを神霊が怒っているのだと言っていました。ともあれ、儀礼のなかで憑坐を務める人たちが神霊になりかわる様子を実際に見ると、俗世のあり方とは違う力を感じて圧倒されます。

一方で、ガーナの精霊祭祀は南カナラとは違って世襲ではないこともあり、憑依の「型」はあってもより偶然的な要素が大きいといえますね。

？南インドで特に印象に残っているのはどのようなことでしょうか？

ガーナでの暮らしを経験してから南インドに住んだのですが、そこで強く感じたのは「人と自然をつなぐ祭祀（神や祖先を祀《まつ》る行事）のあり方に、日本との共通性が多くある」ということでした。たとえば日本でも、田植えの前にカミサマをお祀りして豊作を祈願するという農耕儀礼がありますよね。

私の調査していた南カナラと呼ばれる地域では、トラやヘビなどの野生動物が神霊として祀られているのですが、儀礼の主眼はやはり、そうした神霊たちの力と交流することを通して豊《ほう》饒《じょう》力を授かることでした。儀礼では、そのような神霊を森から水田地帯に招き入れたのちに、また森へ帰っていただくというプロセスが見られます。ただ南カナラの場合、神霊は祖先とは区別されており、それぞれに固有の名前があったり神話も存在したりします。人間外の領域か

ら来る存在として畏《おそ》れられているという面が強いです。

南カナラでは、水田地帯という一番豊かな土地を保有しているのは村の領主で、彼らが神霊を最前線でお迎えし、祭祀の中心を担います。領主は村の土地の管理や再分配を担うと同時に、先祖代々、神霊をお祀りし、祭祀の運営を担う立場にあります。一方で、儀礼の場で踊り手を務め、憑坐として神霊になりかわるのは、かつては「不可触民」と呼ばれていた特定のコミュニティに属する人びとです。彼らは人の領域と神霊の領域の境界に生きる者として、野生の穢《けが》れと聖なる力を同時に引き受けることができる存在だとされているのですね。それ以外にも、さまざまな職能をもつ人びとがそれぞれ伝統的な役割を担うことで、複雑で壮麗な神霊祭祀がつくりあげられています。

？神霊祭祀と土地、そこに生きる人びととの間には強いつながりがあるのですね。

祭祀を継続するためには、土地と人、神霊のつながりが大事です。特に南カナラでは、神霊は特定の土地や自然と深く結びついています。ですから、大規模な開発の影響で、その土地の住民が別の場所に移住してしまったにもかかわらず、神霊の社はその場所に残されていて、儀礼のときだけ人びとが戻ってきて祭祀を続けるというケースもみられました。祭祀は村の成り立ちや土地制度、家系の役割とも関係しているので、祭祀そのものが共同体の基盤になってい

ます。そのなかのもっとも重要な要素としてみんなに共有されていたのが、神霊の存在です。ただ一方で、近代的な経済活動や司法制度なども、祭祀のような伝統的な営みと並存しています。それらの間にはズレや緊張関係があって、たとえば近代法による裁判の結果と、儀礼の場における神霊の託宣《たくせん》（お告げ）が対立するというケースもありましたね。

地域ごとに伝統的な祭祀が担ってきた役割や歴史が違うので一概にはいえませんが、「近代的な制度や手段」と「伝統的な制度や手段」の二者択一というよりも、それらが互いにからまりあいながら並存しているという状態が続いているのではないかと思います。たとえば南カナラでは、神霊の社の権威をめぐる争いについて、近代法廷による判決が神霊の審判によって覆されることがあります。そうなると、再び問題が法廷に持ちこまれ、そのあとにまた神霊の審判が仰がれ……永遠に終わらない（笑）。

また、ガーナでは病に対する対応のあり方も多様でしたね。ガーナ南部では、植民地化の過程で多くの人がキリスト教に改宗しているので、建前としては呪術や精霊祭祀は遠ざけるべきものとされているんです。ただ、表向きは厳格なクリスチャンでも、困っていることがあれば精霊の司祭に相談することもありますし、近代的な病院にも行くけれど、それだけで問題が解決しなければ精霊の力を借りたり、占いに頼ったりもする。そうした人びとの選択は、単に「伝統的な信仰」というよりも実践的なものであり、儀礼の効果が重要視されていると思います。

有効成分
＊＊＊＊＊＊＊

「事実にもとづく客観」と「自分の主観」を組みあわせる、世界のとらえ方

？先生はとても穏和な雰囲気をおもちで、現地になじんでいたのではないかと想像します。現地では、どのような立ち位置で調査されていたのでしょうか？

私はガーナでは長らく村に住んでいたので、なんとなく共同体の一員のつもりでいましたが、実際には異質な部分は絶対に残りつづけますよね。受け入れてもらってはいるけれど、あくまで「ゲスト」という立場がつきまとっています。それに、当然ともいえますが、いくら親しくなっても村の人たちの生活や人生には計り知れないところがあるので、いつも現地に行くときには、そこはかとない緊張感や怖さがあります。人類学者は基本的に孤独だと思いますね。

そういう意味では、インドでは自分の家族と一緒に村に住んでいたので、安定感はありました。ただフィールドワークとしては、たとえ不安定であっても、たった一人で現地の生活に入りこむという方法のほうが、やはり深い調査ができるように思いますね。善かれ悪しかれ、巻きこまれなければ調査はできないと思います。

?「巻きこまれる」なかで、研究者自身の主観的な感覚も、調査の結果に入りこんでしまうと思うのですが、それに関してどうお考えですか？

研究者の立場や自意識、言語などの主観的な要素は、フィールドの見方に少なからず影響を及ぼしていると思います。ちょうど私が修士課程に入った頃に、「文化を書く」ことの問題に関するジェイムズ・クリフォードらの議論が日本でも紹介されて、人類学における「客観的」な調査の限界や欺瞞が指摘されました。言語の話で言うと、いま文化人類学界で優勢な言語は英語ですが、言葉そのものが現象への解釈をはらんでいるとも言えますし、自分の思考をどう表現するかも翻訳を通して変わってきますよね。

たとえば憑依という現象を論じる際に、欧米の研究では、それを相対化するためにせよ、「主体」という概念が中心になりがちです。精霊憑依は英語だと「I was possessed by the spirit」のように、精霊という主体による自己の所有や占有を意味する「possession」という語で表現されます。一方で日本語だと、主語の曖昧さを残したまま、「つき」や「より」という表現が用いられます。もちろん、調査地の言語ではまた別な表現が用いられているわけで、人類学者による現象の言語化には、何重もの「翻訳」がつきまとっていることに自覚的になる必要があると思います。量的なデータとのバランスが大事だと思いますね。

？ ミクロな関係性に巻きこまれながらも、マクロな視点で全体を把握する必要があると思います。どのように両立しているのでしょうか？

メインになる調査対象が何であれ、調査地についての経済的なデータや歴史的な資料を大事にすることを心がけています。たとえ自分のテーマが宗教祭祀だったとしても、祭祀についての人びとの語りや儀礼だけに注目していては、わからないことが多いんです。たとえば、「なぜ今、この地域では親族間の妖術ではなく、異民族間の呪術が問題になっているのか？」といった謎を解くためには、その土地の歴史や民族同士の関係、人びとの経済状況といったデータの裏づけが必要になってきます。私も現地の統計資料や裁判資料に埋もれながら、「今、村で起きていること」と関係づけられる事柄がないかを探っていました。

ただ、抽象的でマクロな理論が先にあって、それに自分のミクロな事例を当てはめるだけだと、人類学的研究としてはやはり不十分というか、もったいない気がしますね。かといって、「この土地ではこうでした」というだけでは、ただの事例報告になってしまいます。あくまで調査地の具体的な事例にもとづきながら、理論的な部分では抽象度を上げて、ほかの研究ともかかわってくるような論点を見つける必要があると思いますね。

また、フィールドワークの方法論はある程度共有されていても、「実際にどのように調査をするのか」や「調査地の人たちとどうかかわるのか」は、いつの時代も研究者によって千差万別です。そうした実践の多様性があっても、また、時代やテーマによって研究者の問題意識がさまざまでも、「文化人類学」として先行研究と対話し、事例を横断する議論ができるのは、やはり理論的な蓄積と共通の問題系があるからだと思います。

たとえばマルセル・モースの贈与論やレヴィ=ストロースの構造主義などのように、多くの人類学者によって参照され、更新されていく理論が人類学の基盤と創造性を支えています。そのような、これまでに蓄積されてきた体系とさまざまな方法論、あるいは、ミクロな事例とマクロな理論、主観的感覚と客観的データなどを同時に見ることが大事だと感じます。そのうえで現地調査をすることで、人と世界のありようを多角的に考えていく文化人類学の醍醐味を、最大限味わうことができるのではないかなと思います。

？ そのような文化人類学の視点で、日本人の心のモヤモヤに効くポイントがあれば、教えてください。

「現実を見なさい」とか「現実的に判断しなくてはいけない」といった言葉って、日常的によく使われますよね。そうした言葉はたった一つの「正しい現実」があると決めつけて、それ以外の可能性を考えたり想像したりすることはムダだと思わせるような、一種の脅迫のワードだと思います。現実は一つではないし、みんなが同じ「現実」の価値観や基準に従わなくちゃいけないわけでもない。そんなふうに、誰かに「現実」を押しつけられて息苦しくなったら、まずは今いる場所から物理的に離れてみるというのが一つの方法だと思います。頭で考えるだけ

ではなくて、自分の身体の置きどころを変えてみる。そこから、別な世界のアクチュアリティが感じとられるかもしれません。それから、「現実を見なさい」と言われて、それに納得できなかったら、「私はそのゲームにはのらないよ」と考えてみること。

世界のいろいろな土地に暮らす、さまざまな人たちの生き方とその変化を見つめてきた文化人類学者の書いた本は、私たちがとらわれがちな、「この現実しかない」という強迫観念から逃れるためのヒントにあふれていると思います。

処方箋 №3

「あの人が言ってること、ぜんぜん共感できない！」と思ったときは、「見え方が違うだけかも？」と一呼吸置いてみる！ けれど、だからといって、自分の感覚を否定する必要もない。それぞれの「アクチュアリティ」を大らかに受け取ってみるべし！

症状にオススメの本

エドワード・サイード
『オリエンタリズム』（平凡社ライブラリー）
西洋はいかに東洋《オリエント》をまなざし、想像し、創造してきたのか。この本を読むと、自分のなかにもあるオリエンタリズムの危うさに気づかされる。「『他者』とは何か？」という問いを追究した不朽の名作。

小野和子
『あいたくて　ききたくて　旅にでる』（PUMPQUAKES）
のっぴきならない現実を切り抜けるために生みだされた、「あったること」としての民話。その語りに耳を傾けてきた著者の言葉を通して、ひそやかに存在する「もうひとつの世界」の真実に気づかされる。

木村敏
『関係としての自己』（みすず書房）
自己と他者の関係とは。リアリティとアクチュアリティとは。私たちの生の経験とその深層を考えさせる、精神病理学の第一人者による名著。

武田百合子

『遊覧日記』（ちくま文庫）

百合子さんは他人を理解しようとする風でもなく、即座に観察しきってしまう。それでいて相手が人間であれ人間でないものであれ、いつのまにかその内側に入りこんでいる。読むたび、その類いまれなセンスに脱帽、感服させられる本。

多和田葉子

『カタコトのうわごと』（青土社）

言葉は世界と私をつくっている。それなら、言葉たちを裏返して混ぜこぜにしてみたら？ 言葉と戯れ、「世界」の骨を脱臼させる、知的な遊び心と魅力にあふれた本。

松村圭一郎・中川理・石井美保編

『文化人類学の思考法』（世界思想社）

「あたりまえ」を疑ってみると、別な世界が見えてくる。近さと遠さを比較しつつ、「あたりまえ」の外にある多様な可能性を照らしだす、文化人類学の思考法を柔軟に紹介した本。

『文化人類学の思考法』は、私が初めて石井先生の文章に触れた本。「『かもしれない』の領域」など、本全体に散りばめられたキーワードには、読後も心に残る不思議な力が……。

カルテ

№ 4

お悩み

「神経質で、細かいことを
気にしちゃうんです……」

担当医

東長靖先生
（京都大学大学院アジア・アフリカ地域研究研究科）

専　門

イスラーム学

研究内容

エジプトやトルコ、インドネシアなどで、イスラームの思想研究をされてきた東長先生。30ヶ国語以上を習得したという先生は、現地で古今の文献を調査し、時にはフィールドワークも組みあわせながら、ムスリムの人びとの考え方に迫ります！

？先生はなぜイスラームの神秘主義（以下「スーフィズム」）の研究を？

もともと神秘主義思想に関心があり、小学校の低学年の頃には、禅の修行をしていた夏目漱石の作品を読み、中学生の頃には荘子や老子に耽溺《たんでき》していました。大学でも中国哲学やインド哲学、あるいは「カバラ」というユダヤ教の神秘主義思想を研究するつもりで東京大学に進学すると、私が大学二年生のときに偶然、日本で初めて東京大学にイスラム学科ができたんです。

　その道に進んで博士課程まで行ったのですが、博士課程の初めに転機が訪れました。文献研究で比較思想をやるためにフランスへ留学しようとしていると、指導教官に「何を言っているんだ！　現地エジプトへ行け！」と一蹴され、カイロ大学に紹介状を書かれたんですね。思ってもみなかったエジプト留学へ行くことになりました。

　けれどそれは結果的に大正解でした。というのも、それまで私は研究をしながらいろいろなことに悩んでノイローゼにもなりそうでした。休みになるたびに漱石ゆかりの鎌倉・円覚寺に参禅するほどで、一時は本気で出家を考えたこともありました。でもエジプトに行くとですね、みんな明るくてあっけらかんとしていて、悶々《もんもん》と悩んでいる自分がばかばかしく思えてきたんです。エジプト人は九割ほどがムスリム（イスラーム教徒）なので、「こんなに素敵な人たちの考え方の根源となっているイスラームの思想ってすごいな」と純粋に思いました。その留学が

きっかけとなって、「世界の神秘主義の一つ」としてのスーフィズムではなく、「イスラームのなかで重要な位置を占めるもの」としてのスーフィズムに関心をもちはじめました。

有効成分

悠久の歴史が生んだ合言葉、「神が望むならば」と「大したことないよ」

イスラームと聞くと「戒律」のイメージが強いですが……？

イスラームは、クルアーン（コーラン）にもとづく戒律の集大成である「イスラーム法」と、八世紀の中頃から始まった「スーフィズム」の二つが核になっていると私は考えています。

まずイスラーム法では、礼拝や食生活、服装や異性とのかかわりなどについての決まりである戒律を定めています。「戒律によって、社会をよりよくしていきましょう」というのがイスラームの考え方です。たとえば仏教やキリスト教では、特に近代以降、宗教と政治の役割分担がなされてきましたよね。「宗教家の仕事は、精神世界をどう生きるかを考えること」「国家の仕事は、よりよい社会を作ること」とされています。一方でイスラームでは、宗教自体が精神世界の向上をめざすと同時に、社会をよりよくする役割も担っている。それを明言しているのがイスラーム法です。

日本人の多くは、「イスラームは戒律があって厳しい宗教だ」というイメージをもっていると思います。たしかにアラブ諸国では特に厳しい戒律を課している国もありますが、本来、イスラーム法は人を縛るためではなく、人を救いに導くために存在するんですね。さらに、トルコやインドネシア、パキスタンなどといった国々は「戒律も大事だけど、スーフィズムをはじめとする内面性も同じように大事」という考えをもっています。それが、先ほど申し上げた「イスラーム法とスーフィズムが二つの核だ」ということの意味です。

? スーフィズムとは、具体的にどのようなものなのでしょうか？

そうですね、これまでは「イスラーム神秘主義」と訳されてきました。「この世界のすべてのものは一（神）に帰っていく」と考える神秘主義の要素はあるのですが、私はそれだけでは十分ではないと考えていて、倫理や道徳の側面や、民間信仰的な側面もあわせて、スーフィズムとして理解していただければと思います。イスラーム法がムスリムの外面を律するものだとすると、スーフィズムはその内面を豊かにするものと言えるでしょう。

有名なのは、白い衣装をなびかせて一心不乱にくるくると回りつづける「セマー」と呼ばれる踊りです。ただ、これはトルコだけでなされる修行で、イスラーム世界全体でより一般的な

のは、神の名を繰り返し唱えることで賛美を捧げる「ズィクル」といった方法です。これは礼拝とは別に行なわれるものであり、日常的に取り入れられているんですね。

また、スーフィズムは「聖者信仰」（ふつうの人間にはない力をもつ人びとへの信仰）としばしば結びついているので、ムスリムの人びとはよく聖者廟《びょう》（聖者を祀ってある建物）へおもむきます。聖者信仰は、一神教に反するとしばしば批判される現象なのですが、偉大とされる人の墓に行ってお祈りを捧げるというのは現地ではよくあることです。そこでは、礼拝はもちろんしてはいけないのですが、人びとはものすごく切実な祈りを延々と捧げつづけるわけです。これも礼拝《サラート》とは別のもので、ドゥアーと呼ばれます。

私が訪れたトルコのある町では、何百という聖者廟をお祈りしながら一つずつめぐって、お墓にキスをしている人もいました。そこを訪れるような人びとはおそらく深い悩みを抱えていて、「病気が治りますように」「子どもを授かりますように」というように、現世利益的な救いを求めて願掛けしているんです。彼らはスーフィズムを頭で理解しているというよりも、心と身体で受けとめて実践しています。

仏教では「愛」はむしろ煩悩に属するのですが、スーフィズムでは、神と人の間に男女の恋愛感情のような愛が存在すると考えられています。「私と神の存在が混じりあう」といった合一体験が可能だということを、感覚としてわかっているんですね。

またそれは、感覚だけでなく理論でも説明できるようになっています。仏教における「悟り」の場合は、完全に言葉による説明抜きで、「美と醜」「善と悪」といった人間社会が作り出した二項対立を超越する営みに、とにかく自分で挑戦してみるといったものです。禅は特に「言葉で説明なんて、できっこない」という前提で始まります。他方スーフィズムの場合は、同様に「合一体験は言葉では表現できない」という立場もあるのですが、イスラームがギリシャ哲学を受け継いでいるので、論理をとことん突き詰めて体験を哲学的に説明することもあります。

？先生がムスリムの方とかかわってこられたなかで、印象に残っているエピソードを教えてください。

初めてエジプト留学に行ったときのことなんですが、私が毎日図書館へ行こうとして道を歩いていると、窓枠に肘《ひじ》をついて、何をするでもなく、建物の中から外をぼーっと見ている人がいるんですね。私がしばらくして図書館で用事を終えて帰ってくると、その人はまだまったく同じ格好でぼーっとしている。「なんて暇な人なんだ！　仕事はどうなっているんだ！」と初めの頃は心のなかで思っていたのですが、私がエジプトに住みはじめて一年を過ぎた頃に、ハッと気がついたんです、今度は自分がぼーっと窓の外を眺めていることに……（笑）。

時間の流れ方が自分のなかで変わるんですね。現地に長く滞在していると、「一日に一つ仕事をすれば充分」と考えるようになってきます。いくら計画を立てても交通事情が悪かったり相手が約束を守らなかったりで、だいたい想定どおりにはいきません。それに対していちいち目くじらを立てていると、ひたすら腹が立つだけで、何もうまく回っていかないんです。

私がエジプトで最初の頃に覚えた言葉は「マアレシュ」、つまり「大したことないよね」というものです。たとえば通りがかりに誰かに足を踏まれたときに、足を踏んだ当の本人が「マアレシュ」と言うんです（笑）。このときも私は「謝れよ！」と心のなかで思っていたのですが、現地でしばらく暮らしていると「たしかに足を踏まれたら痛いけれど、骨折したわけでもないし、実害はないよな」と思えてきました。そこで試しに、自分が相手に何か悪いことをしてしまったときに、「マアレシュ」と言ってみると、相手も「マアレシュ」と言ってくれるんです。

日本人はすごく細かいことまで気にしてしまうし、だからこそよく気がつくという側面もあるとは思いますが、本当に大事なことってたぶんそんなに多くはなくて、細かいことは気にしないほうが楽なんじゃないかな。エジプトという土地は特に、紀元前三〇〇〇年からの悠久の歴史がありますからね、その流れのなかで考えると、足を踏まれたくらい、本当に大したことないですよ（笑）。

その「マアレシュ」の精神と悠久の歴史のもとで生きているからなのか、私がエジプトで写本館に通っているときに、そこの司書のおじさんが気に入ってくれて、「おーい、そこの日本人、ちょっと休憩しようぜ」と、トルココーヒーを置いていってくれたことがありました。けれどそのすぐ横には、世界に一点しかない貴重な写本が……。「こぼれたらどうするの！」とヒヤヒヤしましたが、よく考えるとエジプトには「世界に一点しかない写本」が何千も何万もあるわけですから、彼らはおおらかというか、気にしていないんでしょうね。

もう一つ、「マアレシュ」と並んでよく挙げられるのが「インシャー・アッラー」、つまり「神が望むならば」という言葉です。たとえば「納期までに商品を持ってきてほしい」と頼むと「インシャー・アッラー」と言うだけで実際には持ってこない。「いつになったら持ってくるんだ！」と問うと「明日《ボクラ》」と言う。ところが、次の日になっても何の連絡もない。そこで怒りの電話をすると、「マアレシュ」と言われる……という流れがエジプトでのお決まりだと、日本企業の人たちは言ったりしますねぇ。

「インシャー・アッラー」は、このように責任逃れのために使われるように思われていますが、元来の意味はたとえば「私はあなたとの約束を守る努力は精一杯しますが、それでも途中でアクシデントが起こって約束が叶わないこともありえます。そういった場合は、神が望まなかったからだと思っておいてください」といった文脈から来ています。「人間の力を必要以上に過信してはいけないぞ」といさめる意味もあるんですね。

ここまで明るいエジプト人の話をしてきましたが、もちろん彼らも人間なので悩みはあります。けれど、イスラーム法によって「何が良くて何が悪いか」がはっきり定められていてそれが身体化しているので、価値観が大きく揺らぐことはないという印象です。

有効成分

ムスリムでなくても理解して実践できる、人類普遍の知恵の存在

？ 不幸に遭ったときに呪術や邪視のせいにする文化もありますが、イスラームの世界だと「神が望むことだから仕方ない」とされるのでしょうか？

一般的なムスリム社会では、呪術や邪視は正しい教義としては認められていなくて、「神が望まなかったからこうなっているんだ」という「インシャー・アッラー」の考え方や、「この世の中のありとあらゆる苦しみは、神が与えた試練だ」という考え方をするんですよね。

ここでの試練は、耐え忍ぶべきものというよりは、「これを勝ち抜けば、将来、大きな報奨が返ってくる」という確信のもと挑むものです。身近なたとえだと「大学受験で一生懸命勉強したら、合格して華のキャンパスライフを手に入れられる」というのと同じ発想でしょうか。試練の期間は限られていて、長くとも必ず現世で終わります。一神教の文化では伝統的に「永遠の来世」があるとされているので、人生のうちの数年あるいは数十年の苦しい時期なんて、ほんの一瞬なんですね。現世がすべてではないという強い信念がある彼らは強いなぁと思いますよね。

日本人が、ムスリムの人びとの明るい生き方を真似したり、あるいはより深く理解したりするためには、どうすればよいと思いますか？

「イスラームの考え方ありきで、その知恵を真似して何かを得る」というよりは、「イスラームという装《よそお》いだけど、じつはそこには人類普遍の真理や知恵が眠っていて、ムスリムでなくても実践できる」という姿勢のほうが合理的だと思います。

そして、イスラームの考え方、もっと言うと自文化以外の考え方をより深く理解するためには、その異文化についての知識を得ることはもちろんですが、「自分たちのことを理解してもらえるよう、努力すること」が大事なんじゃないかと思うんです。これは逆説的に聞こえますが、こちらが相手について理解しようとするだけでは足りなくて、相手にもこちらについて理解してもらって初めて、対等な関係になって通じあえるのだと感じます。それに人づきあいにおいて、こちらは相手のことを理解しようとしているのに、相手がこちらのことを理解してくれなかったら、空しい気持ちになりますよね。そうならないためには、相手に理解してもらえるような、こちらからのアプローチが必要なのです。

ですから、自文化について自分の言葉できちんと説明できないといけません。実際、ムスリムの人びとと話をしていると日本人に関心をもってくれるのですが、話しはじめてすぐ「何の宗教を信じているんだ？」と聞いてきて、そこでたとえば「仏教だ」と言うと「仏教の預言者は誰なの？」と聞いてくるし、「預言者という概念がない」と話してもわかってもらえない場合が多いんです。

けれどそこで「わかりあえない」とするのは早計で、そもそも日本人が、あまりにも自文化の全体像を説明していなさすぎるのではないかと。ここで私たちはイスラームを「宗教」だととらえているから、それに対応するものとして仏教や神道について語ろうとしていますが、イスラームは、内面的な信仰だけではなくて共同体のあり方そのものにも強く影響を及ぼしています。だとすると、私たちが語るべきなのはむしろ、「日本文化とは何か」というもっと大きなことだと思うんです。それを語る素地があれば、異文化理解や多文化共生が進むと私は考えています。

ムスリムの人びとは、たとえば断食月には全員で貧しい人の生活を実体験して、恵まれない人に対する施し（喜捨）について考えますし、ヤンキーのように見える若者でも、バスに乗れば何のためらいもなく、お年寄りに席を譲ります。「正しい行ないをしていれば神様が愛してくださる」という感覚が身体に染みついているからこそ、見返りを求めずに、日常的にあたりまえのように善行を実践しているんです。彼らの素敵な内面性について、私は日本人にもっと知ってほしいと願っていますし、そのために日本人からも、自分たちについて積極的に語ってほしいと思いますね。

処方箋 №4

人間の力が及ばないことやがんばってもどうしようもないことは、たくさんあるもの。長い目で見れば全部大したことないから大丈夫！ 歴史は長いし、世界は広い。世界各地のムスリムと互いに理解しあって、明るい生き方を学べたら素敵！

症状にオススメの本

川上弘美
『蛇を踏む』（文春文庫）
不思議な物語。読み始めると、異次元の世界に引き入れられる。現実と別の世界にしばし、たゆたえる豊かな時間をもてる。

東長靖・今松泰
『イスラーム神秘思想の輝き――愛と知の探求』（山川出版社）
前半の1～3章が、東長によるスーフィズム概説で、満遍なく知識を提供するというよりは、興味深い逸話を中心に執筆した。不安や不満をスーフィーたちがどうやって解決しようとしたか、悟りの境地をどういう風に表現したかを知ってほしい。

中島らも
『中島らもの特選明るい悩み相談室（全3巻）』（集英社文庫）
いろんな悩みを明るく解決。細かいことにこだわっている自分が、あほらしくなるだろう。

臨済（慧然編、朝比奈宗源訳註）
『臨済録』（岩波文庫）
善悪や好き嫌いという二項対立を乗り越えよう。文字を超えた神秘主義、禅の世界を体験したい人にぜひ。各種の訳があるが、本書が一番おもしろいと思う。

人に話を聞くということ

菊地暁（京都大学人文科学研究所助教）

今まで会って話を聞かせてくれたすべての人が、私を作り、私に「人とは何か」を考えさせてくれている気がしています。

人に話を聞くという行為には「今、ここで、私が、あなたの」話を聞いているという間主観性（その場ごとに成立する共通了解とでも言いましょうか）をともないます。そこには、自然科学のように客観性や再現性があるわけではありません。ですが、そもそも私たちが客観性や再現性のある人生を送っているのかといわれると、決してそんなことはありません。人の感情や行動は自然科学の言葉だけでは説明できないし、論理的に間違っていることもたくさんありますが、それも仕方のないことだと思うのです。その非合理や非論理を抱えこんで人が生き、社会が成り立ち、歴史や文化が築き上げられてきたのですから。

ですから、客観性や再現性は担保できないけれど、そんな人間くささを甘受

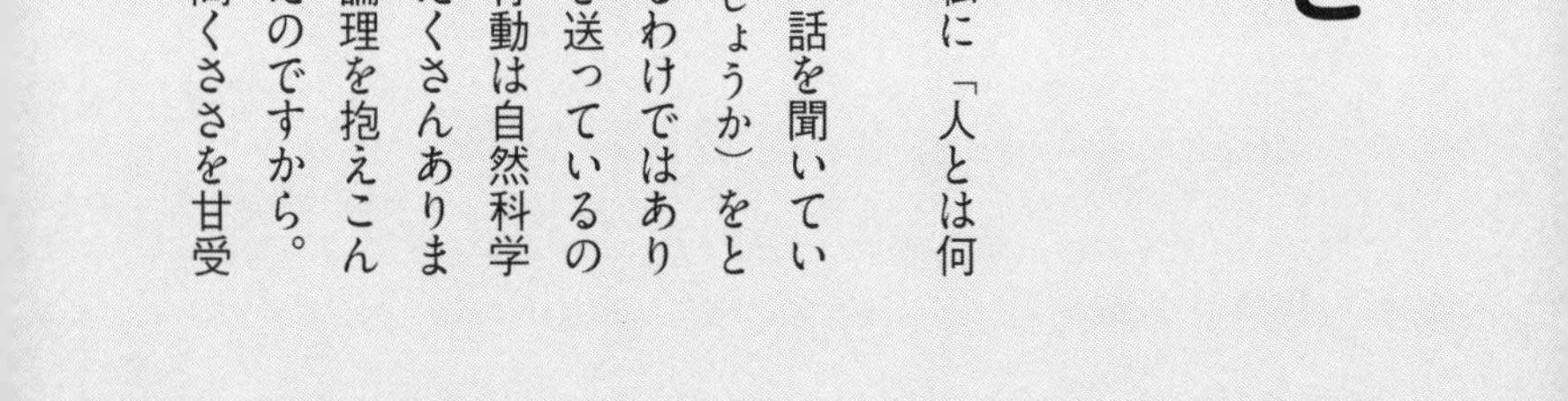

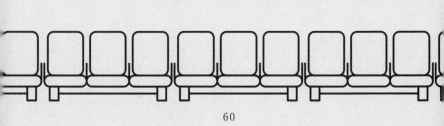

したうえで、さまざまな人のさまざまな話を聞くことになります。そうして、人びとの日々の営みに感情移入しながらも、冷静な部分も持って、あきらめたり深刻になりすぎたりせず、人生や社会というものを考えてみる。「冷めた頭《クール・ヘッド》と温かい心《ウォーム・ハート》」の姿勢ですね。

聞き取りは、私たちがそれぞれの身のまわりですでにやっていることの延長線上にあることなので、民俗学や文化人類学の専門家でなくても、誰だってやってみたらいいと思うんです。日本民俗学の創始者・柳田國男は、民俗学を「万人必須の普通学」と呼びました。普通選挙という制度があってみんなが政治のあり方を選べる以上、選挙権を持つ誰もが「今の暮らしの何が悪くて何を改めるべきか」について判断を下すための「基礎知識」を持たなくてはいけないと。自分自身やまわりの人びとの暮らしを一つのサンプルにしながら世のあり方を考える姿勢は、誰もが持つべきなんです。

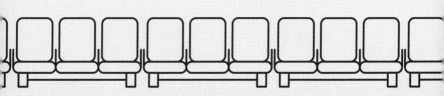

もちろん、一人で話を聞ける人数は有限です。しかも、そのそれぞれがユニークです。そんな聞き取りを積み重ねることは、雑多なデータが積み重なるだけのように思えるかもしれません。けれど、その雑多な具体性が蓄積されることで、「わかっていない」の輪郭もより明確になっていく。それは、逆説的ですが、世界をよりクリアに理解することにつながっていく。「わからない」を

きちんと受けとめることが、「わかる」の精度を高めていくのです。
ここ一〇年ほど「選択と集中」というのが流行《はや》りましたが、生きることというのは「選択と集中」の対極です。心臓が強いからといって、心臓だけを選択して、心臓だけに集中しても生きていけないでしょ（笑）。たしかに人間は、容量が有限でちっぽけなハードウェアで、どこかの局面では「選択と集中」をしなければならない。けれど、人が生きるということは、最終的には、そういった分割が不可能な一つの全体に行きあたるのだと思うのです。

菊地先生のご専門は、民俗学。「見るべきほどのことを見て、死にたい」と、日本各地（+「大東亜共栄圏」の国々）を歩いて、見て、人びとの声に耳を傾けておられます。

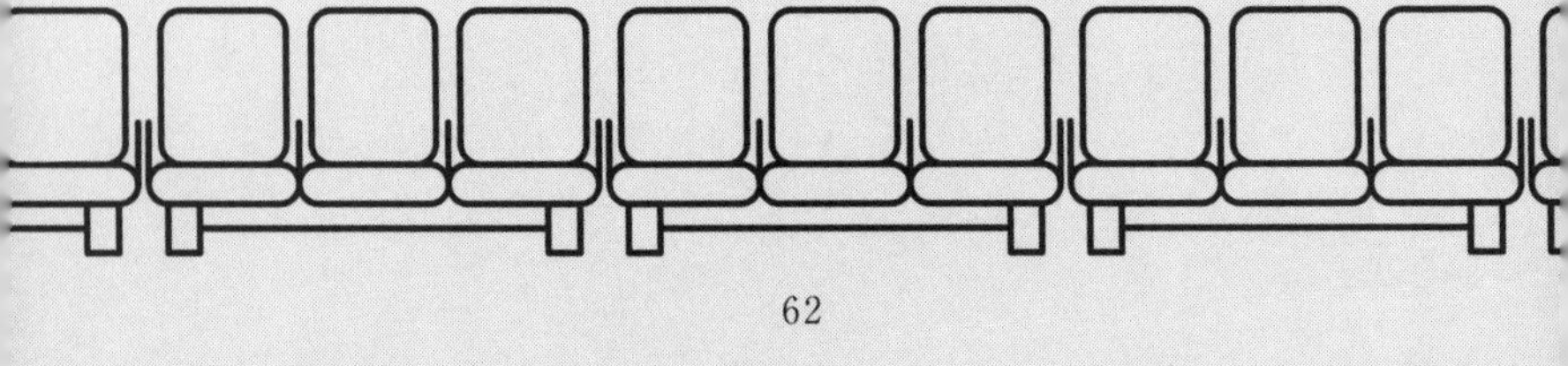

待合室の小ばなし2

現地の知恵を学ぶこと

田原範子（四天王寺大学人文社会学部社会学科教授）

フィールドに出ることで、日本での「あたりまえ」から自由になることができます。

たとえば私が二〇〇一年から調査しているウガンダの村には、下の前歯のない女性たちがいました。私は「歯医者がいないから、治療できないんだ」と思って、あえてそれを話題として取り上げることもしませんでした。けれど、ふとしたときにある女性から「日本から前歯を買ってきてほしい」と頼まれて、意外なことがわかりました。

彼女たちは、お姉さんたちにあこがれて歯を抜いたというのです。前歯のないお姉さんたちがしゃべるときには、唇の間から舌が出て、とても美しく見えたそうです。そこで彼女らは一二、三歳になると、施術者を訪ねて前歯を抜いてもらい、その御礼に鶏を渡しました。また「女性は、台所で肉をつまみ食い

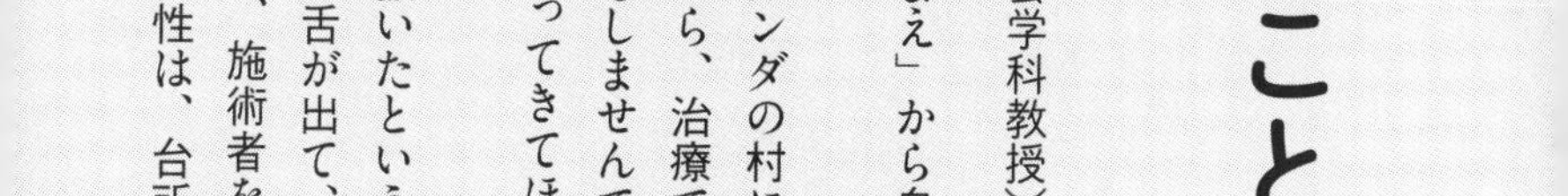

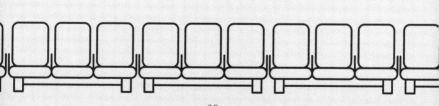

する」とも考えられていたので、前歯がないことは肉を食べないことを表す美点の一つにもなったそうです。「歯医者がいないから……」というのは、私の思いこみにすぎなかったのです。

またガーナには「アスラム（asram）」と呼ばれる、新生児がかかる病気があります。妊娠中の女性にスピリチュアルな力が働いて、子どもが発育不全になる症候群のことを指すのですが、この病気は病院では治せないと人びとは信じています。こうした人びとの信念についてユニセフは批判的です。しかし、現地の病院の小児科医たちからは、「近代医療で治せない病気は、ほかの医療で治療するしかない」という答えが返ってきました。医療関係者もまた、「アスラムに近代医療は効果がない」と考えて、地域在来の医療を紹介することが少なくないことがわかりました。

アスラムに限らず、人びとはいろいろな病気に対して独自のアプローチを試みています。たとえばンパエボ（mpaebo）という場があり、そこでは人びとがともに祈り、踊り、歌いながら病気の治療を試みています。私の友人は「ンパエボはいいよ。病気や困難にみんなでアプローチすることができる」と話してくれました。

アフリカに限らず、どの地域にも在来の知が育まれています。自然科学や近

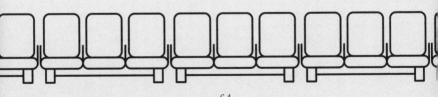

代医療の枠組みでは「間違っている」とされる営みにも重要な意味があるのです。こうした知恵を学び、自分の「あたりまえ」から解放されることが、アフリカで調査をすることの醍醐味だと考えています。

田原先生のフィールドは、ウガンダ共和国やガーナ共和国。日常生活における人びとの生活戦術を学びながら、他者との共生を可能にするアフリカ在来の知について研究されています。

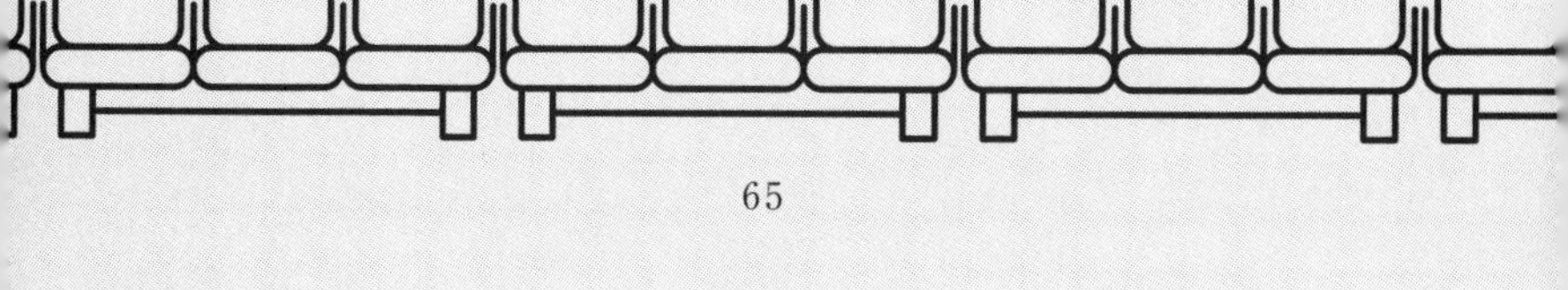

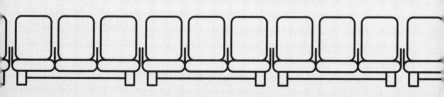

第II部

ピンチを
チャンスに
変えるための
処方箋

カルテ

№ 5

お悩み

「地元が過疎でピンチ！」

担当医

宮本匠先生

（大阪大学大学院人間科学研究科）

専　門

災害復興学

研究内容

宮本先生は、国内の地震被災地で復興の研究をされてきました。新潟県の旧川口町（現長岡市）では、大学学部生の頃から年配の方々と食べて飲んで、笑いあっていたとか！　そのなかで見つけた、地域の新しい支え方とは？

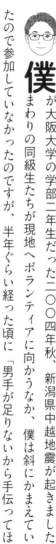

？先生が災害復興の研究者になったきっかけはなんだったのでしょうか？

僕が大阪大学の学部二年生だった二〇〇四年秋、新潟県中越地震が起きました。まわりの同級生たちが現地へボランティアに向かうなか、僕は斜にかまえていたので参加していなかったのですが、半年ぐらい経った頃に「男手が足りないから手伝ってほしい」と同級生に声をかけられ、二日間ほど出向くことに。

　現地では偶然、崩壊した道路の修繕作業を村の人たちみずから行なうところに立ち会ったんですね。行政を待たずに自分たちで生コンクリートを流しこむということで、山の集落では八〇代のおじいちゃんたちがハチマキをして、くわやすきを持って準備万端。そして運ばれてきた生コンクリートを、ベニヤ板を使って平らにならしはじめたんです。それがものすごい上手で、一番若い僕がどう見ても一番役に立たない（笑）。村の人たちの知恵に感動しました。山で作業をしたあとは「あがり酒」といって宴会をするのですが、そこではみんな爆笑の話の連続。

　現地に行くまでは、過疎・高齢化が進む山の集落が被災したと聞いていたので「きっと村人は絶望していて、暗い雰囲気なのだろう」と思っていたのですが、行ってみたらみんなめちゃくちゃたくましいし、かっこいいし、宴の場では腹抱えて涙流しながら笑っていて……。「大変なときにこそ前向きでいられるこの人たちは、本当にすごい」と思うと同時に、こんな暮らしがまだ日本にあることに衝撃を受けました。「また会いたい」という気持ちで中越に通うようになって、学部四年生のときは現地に住んで復興支援にかかわりました。それが、災害復興の研究を始めることになったきっかけです。

有効成分

＊＊＊＊＊＊＊

幸せは経済発展だけじゃない！
全身で感じる、自然との深いつながり

？ 現地で聞いた話で、特に印象に残っているエピソードはありますか？

僕が大好きなサチさんというおばあちゃんの話なんですが、ご本人が嫁入りを決めたときのことを振り返って、こんな話をしてくれました。「お見合いの話が出たとき、私は夜中に家をこっそり抜け出して、お見合い相手の敷地に忍びこんで井戸水を飲んでみたの。その水がすごく美味しくて、お嫁に行くことを決めたの」。たしかにその価値観は僕たちにとって衝撃的ですが、サチさんはものすごく感受性が豊かで、お水が美味しいところに住むのが幸せだという軸をもっている。僕はその感覚を、とても気持ちのいいものだと思いました。人びとが営む生活と自然との関係の深さが本当にすごいんです。あるおばあちゃんは「冬になると『なんで私

はこんなところに住んでいるのかなぁ』と毎年のように嫌になる。でも春が近づいてきた頃、雪の下にいるふきのとうを見つけた途端に、冬の間の辛い気持ちが全部飛んでいって、とにかく体がソワソワしてくる」と。春になると、外では雪解け水の音が聞こえて、空気も春の匂いになります。雪解けの地面に降り立つと、お酒を飲んでいないのに酔っ払っているみたいな、そんな気持ちよさになります。「そりゃあこんなところに住んでいたら、みんな長生きするよな」と感じます。

新潟でボランティアをしていた頃の先生は、どのようなかかわり方を意識していたのでしょうか？

復興支援ということで、初めは村の人たちが困っていることを一緒に解決しようとしていました。そのなかに「水が出ない」という問題がありました。いろいろ手を尽くしてみたのですが、莫大なお金がかかることがわかって、「どうしましょうね」と言いながら幸一さんという方（僕の師匠のような存在です）のおうちでお茶を飲んでいました。

すると幸一さんが急に隣の部屋に消えて、しばらくしてから何枚か写真を持ってきたんです。写真を見ながら、水が出ない問題もそっちのけで「これは浦島太郎が釣りをしているように見えるから、ウラシマソウと名づけられた」とか「こっちはネジのように花が咲くから、ネジバナ」とか話してくれました。「ネジバナなんて初めて見ました」と言うと、幸一さんは「ばかやろう、ウラシマソウは珍しいけどネジバナは日本中どこにでもあるぞ。お前、大学生っていうから賢いもんだと思っていたら、何も知らないんだな」と笑っていました。そのあともよく山歩きに連れていかれて「この木の皮を剝《は》いでみな。ほら、黄色いだろ？　これを煎じて飲むと、雪深くて医者に行けない冬でも、薬代わりになるんだ」と話してくれました。

こんなふうに、僕はただ村の人たちの話の相手をするだけ、というより人生の知恵を教えてもらっているだけの立場でしたが、それが案外、村の人たちにとってよかったんじゃないかなとも思います。

じつは、村に通いはじめた頃はよく怒られていたんですよ。といっても僕が悪いことをして叱られたというわけではなくて、被災のやるせなさをぶつけてこられる方や、村の会合で「そんな話聞いてない」と言って間接的に怒ってくる方などが多くいました。

初めは「なんで、ボランティアで来ている僕が怒られなあかんの？」と思っていたのですが、よくよく考えると、本来村の人たちが自分たちで取り組むはずのことについて、僕が変な形で実権を奪ってしまっているから、怒られることになるんじゃないかなと。もっと自分たちのことについて健全な形で関与できるように村の人たちをサポートするのが、僕たちボランティアのあるべき姿だと思いました。その一つのあり方が、できないことをできるようにする「めざすかかわり」でなくて、「変わらなくてよい」と、あるがままの存在を肯定する「すごすかかわり」かなと感じます。

有効成分

できることから始めて変えてみる、フットワークの軽さ

「復興支援」という枠組みや「過疎・高齢化問題」という文脈で語られるときには、村の人たちは、たくさんの問題を抱えているように見えてしまいます。それに、現在村に残っている人たちは、自分たちの地域や暮らしを肯定的に語るということをあまりさせてもらえなかった世代なんですよね。たとえば、村に残っている六〇～七〇代ぐらいの男性というのは、家の資産を受け継いだ長男です。一方で次男や三男である弟たちは東京に出て、高度経済成長の波に乗り、ええ稼ぎをしているわけですよ。残った自分たちは過酷な自然のなかで米や野菜を作って生計を立てていて、「ハズレくじを引かされた」という感覚をもっている人もいると思います。そんななかでどうしても都市と自分たちとを比べてしまって、「やっぱり自分たちは経済発展に置いていかれた、ダメな存在なんだ」という語り口をもたざるをえなかった。

けれど、村での暮らしにもいいところはたくさんあります。僕は、村の人たちを「問題を抱えた存在」として見るのではなく、一緒に暮らして価値観をわかちあって、当事者たちがどんなまなざしで問題を見ているのかをとらえて、さらにそのまなざし自体が変化するように試みる研究や実践をしたいと思うようになりました。

阪神・淡路大震災が起きた一九九五年は「ボランティア元年」と呼ばれていますが、それ以降、ボランティアのあり方は変化したのでしょうか？

まず一九九五年というのはターニングポイントで、世界的に見れば冷戦終結直後で「正しさを求めて人びとが戦いあう」時代が終わったとともに、日本でいうと生産年齢人口がピークを超えた頃。経済面でも一九九五年が世界のＧＤＰに占める日本の割合がピークで、そこからどんどん落ちていったというタイミングなので、「これからどうしたらいいのだろう」と価値観が非常に揺らぎはじめた年なんです。そんななかで、被災地でのボランティアは「今まさに目の前にいるおばあちゃんが泣いていて、そこにいる自分も一緒に涙を流している」というような、「自分が生きている実感」を強烈に感じられる場だったんだと思います。血縁関係もない他人なんだけど、場合によっては家族以上のつながりを感じられるというところに、いろいろな意味で宙ぶらりんになった若い世代の人たちが向かうことになったのかもしれません。

新潟県中越地震の復興の特徴は、避難所も仮設住宅もなくなって、人びとが地域に戻ってから復興に至るまでの長期にわたってボランティアがかかわるようになったという点です。僕のように、ボランティアでかかわった人が移住して一緒に活動する動きも始まりました。

日本国内での災害復興や防災、減災の手法で、世界に活かせるものはあるでしょうか？

アメリカに一年間、博士課程のときに災害研究で留学したのですが、そのときにすごく思ったのは、日本では「復興」という言葉が独特の意味をもっているということです。災害を通じて顕在化した既存の社会課題を、いかに解決するか。そこに、当事者たちがいかに関与できるか。その当事者たちのかかわりを、いかに外の人間が支えることができるか。さらにそこから、いかに被災地にとどまらない、社会全体への新しいアプローチにもつなげていけるか……そこまで見据えているのが日本なんですね。災害を通じて、しかも数十年単位の長期的な視点で社会全体の問題に取り組むアクションリサーチ（現場改善をめざす実践的な研究）の発想は、少なくともアメリカなどの英語圏の災害研究にはあまりありません。

もう一つは、「経済と人びとの暮らしを両立させながら豊かになる」ための方法を、みずからの失敗談をもとに世界に提案していくという役割です。日本は近代化の過程でいろいろな失敗をしてきました。公害や原発事故も、経済を最優先にして人の命や健康を犠牲にしてきた結果です。この経験を振り返り、対策を考えて後世に伝えたり、海外で地震や津波が起きたときには長期的な視点での政策の作り方を提言したり、あるいは、被災地の人たちの言葉を行政に届ける方法を提案したりする使命が、日本にはあるのではないでしょうか。

とはいえ、日本もまだまだ舵取りの途中です。日本の復興は「原型復旧主義」といって、「改善する」のではなくて「もとの状態に戻す」んです。改善してしまうと、もともとの政策に誤りがあったと認めることになり、責任問題にも発展する。それが嫌だから、地域をうまくつくり直せないんですね。今の日本には右肩上がりの時代につくられた価値観や制度によって起きている問題がたくさんあるので、原型復旧をめざすだけでなく、いかによりよい形に改善しつつ復興を進めていくのか、考える必要があると思います。

？ 具体的に、現地ではソフト面でどのような復興の取り組みがされているのでしょうか？

いろいろありますが、今一番ホットなのは「三・一一からの独り言」というものです。名取市の閖上《ゆりあげ》地区の方（宇佐美久夫さん）が二〇一九年頃から始めた取り組みなんですが、震災から今までで、印象に残っていることをとりあえず短い言葉で表現してもらうんですね。「間仕切り出来たけど、安否確認、手間増えた」とか「『俺の海』って、どんな海」とか。前者は避難所に間仕切りがやってきて、プライバシーは確保できたけど、お互いがどう過ごしているかわからなくなったというエピソードで、後者は、みんな「俺の海」って言うけどそれはどういう意味なのか、海と自分の関係を考えさせられたというものです。

「手記を書いたり語り部をしたりするのはハードルが高いけれど、誰もがもっと気楽に自分の経験を出せたらいいな」という思いから始められたそうで、「独り言」と名づけているのは、誰かに向けてというよりまずは自分のために書いてもらうものだからと。けれど一方で、「読んじゃダメ」とするほどでもないという、絶妙な感じ（笑）。これだとみんなが気軽にできるし、

誰かの言葉が契機になって別の誰かが「俺もこんな気持ちだった」となる……というふうに、なんだか温かい気持ちで通じあえるんですね。

地域の方々と一緒に進める取り組みを通して、どのような未来をめざしていきたいとお考えですか？

こうした取り組みを通して気づいたのは、「今までは研究者や専門家がするとされてきた取り組みを、もっとたくさんの人が参加できるようにすることで、解決する問題や豊かになる事柄がたくさんある」ということです。

僕は「復興曲線」という、震災直後から今までの気持ちの浮き沈みを曲線にして描いてもらう取り組みを続けていたのですが、これも「研究者が復興について議論する」のでなくて「被災した人自身が、復興とは何かを語る」ものです。被災者が自身で語る場というのは、この「復興曲線」のようなツールだったり、あるいはふらっと村に交じった学生みたいな存在と、災害に関係ないような楽しい会話をするというコミュニケーションだったり、あとは「三・一一からの独り言」のようなやり方もあるし、あるいは別のものだと「暮らしについて自分たちでアンケート項目を作って評価する」という活動もあります。

新潟の旧川口町で行なったワークショップでは、町のお母さんたちが「この町には遊ぶ場所がないから、きっと子どもたちは居場所がなくて困っているんじゃないかしら」と心配して、

「あなたには、この町に居場所がありますか」と、子どもを含む大勢の住民にアンケートをとったんですね。すると子どもたちは「いつもみんなでコンビニの前に集まれているから満足」と答えたそうです。でも意外なことに、三〇代~五〇代の男性で「居場所がない」と答える人が多かったんです。「じつは男性が孤立しているんじゃないか」ということで、アンケートを主催したメンバーは、男性たちが集まれるようなイベントを企画し、見事に盛り上げていきました。

このように、調べて見えてきたことに対して「じゃあどうアクションするか?」というところにまでつなげてみる。僕たち研究者も、そのような活動には少しだけ助言しますが、地域の人たちが主体となって進めることに大きな意味があると思います。

やっぱり大変な思いをされてきた人はそれぞれ、ものすごいエネルギーや言葉をもっているんですよね。サチさんの話も幸一さんの話も、あるいは現地の人たちが行なってきたほかの活動も、僕の心を大きく揺さぶってきました。僕はその力をもっと知りたいし、発信したいと思っています。それによって、またどこかにいる別の誰かの心も揺さぶられて、何かが変わる、そんなきっかけになればいいなと思っています。

処方箋 №5

お金やモノ、ステータスがなくても、五感が喜ぶ自然と、温かい人びととのつながりに身を委ねてみれば、きっと毎日満ち足りた気持ちで笑って暮らしていける！ そんなふうに素朴に生きる姿は、たくましくてかっこよくて、潔い！

症状にオススメの本

上野英信
『地の底の笑い話』（岩波新書）
筑豊の炭鉱で、死と隣りあわせの過酷な環境で働いていた坑夫たちが交わしていたのは笑い話だった。人口減少が進み、肯定的な未来を描けない現代に、絶望するのでもなく、現実を否認するのでもない生き方のヒントをくれる。

パウロ・フレイレ
『被抑圧者の教育学』（亜紀書房）
真に人間らしく生きるための教育とはどのようなものなのか。人間解放のための教育を模索したフレイレの名著。眼の前の現状が自分ではどうしようもないものではなく、変革可能なものと認識していくプロセスを教えてくれる。

真木悠介
『気流の鳴る音——交響するコミューン』（ちくま学芸文庫）
私が新潟でフィールドワークをしたときに読んでいた本。人類学者がインディオのおじいちゃんから受けるレッスンを、自分と幸一さんとの関係に重ねた思い出が。人間らしく生きるさまざまな道を教えてくれる。

矢守克也・宮本匠 編
『現場《フィールド》でつくる減災学——共同実践の五つのフロンティア』（新曜社）
研究者が地域に飛びこんで、現場（フィールド）の人と一緒に防災や復興を試行錯誤した記録。地域の人と何かを作りあげていくという点では、災害にかかわらず面白いアイデアが盛りこまれている。

カルテ　№ 6

お悩み

「環境が過酷でピンチ！」

担当医

風間計博先生
（京都大学大学院人間・環境学研究科）

専　門

文化人類学

研究内容

「元は動物生態学専攻。でも美術や文学に現実逃避していたんだよね」と楽しそうに話してくださる風間先生は、オセアニア旅行を機にフィールドワークに目覚め、人類学者に！キリバスで目にしたのは、珊瑚島に生きる人びとの力強さでした。

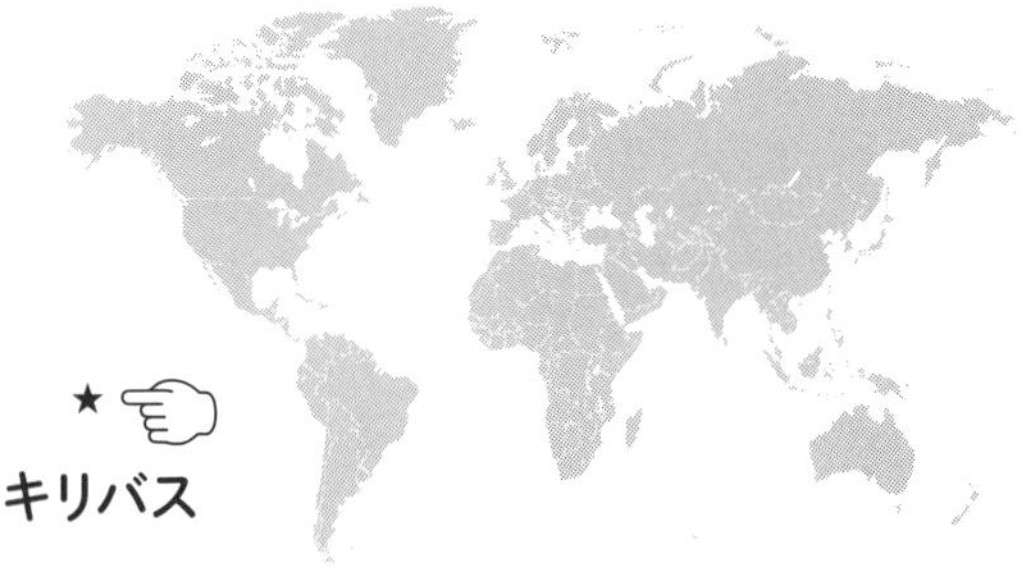

生物学の研究からどうやって文化人類学の研究に至ったのでしょうか？

幼い頃から昆虫や動物が好きで、動物学者になりたかったんです。僕が高校生の頃は、バイオテクノロジーが台頭してきていた一方で、日本でも動物行動学が流行していました。小学生の頃の一九七三年には、コンラート・ローレンツ、ニコラース・ティンバーゲン、カール・フォン・フリッシュが動物行動学の研究でノーベル生理学・医学賞を受賞しています。そんな時代のなか、大学では動物生態学を専攻。いざやってみると「動物の研究を通じて人間を考える」のはあまりに長い道のりであるということに気づいてしまいました……（笑）。

卒業旅行では、世界地図を眺めていて目に入ったトンガに行くことに。現地では地元の人の家に泊めてもらい、夜にはコショウ科の木の根から作った飲料「カヴァ」（植物自体もカヴァとよびます）を飲ませてもらって楽しく過ごしました。そういう体験や生活の様子をこまめにフィールドノートにメモしていたんですよね。そこで「俺、人類学者みたいじゃん！」って気づいた（笑）。

けれど当時は、企業に就職するのがあたりまえのようなバブルの時代でした。理系出身でも金融機関やマスメディアに就職する友達も多く、僕も東京都内の出版社に勤めました。けれど週末になるたびに、トンガに行ったときのことを思い出して、神田の古書店街に出向いてはオセアニア関連の本を読み漁《あさ》っていました。そのなかには人類学者の著作も入っていて、当時流行っていた山口昌男さんや中沢新一さん、レヴィ=ストロースなどの本も読みました。ある入門書に「日本の人類学者は理系出身者も多い」と書いてあったので、「だったら僕も」と人類学者になることを決めました。

有効成分

****

スイッチが入れば、なんやかんや生きていける？　人間の底力

？ オセアニアは、古くから文化人類学の研究がされてきた地域ですよね？

そうですね。ただ、僕が対象地にしたキリバスは、一九七九年に独立したばかりで、オセアニア島嶼《とうしょ》のなかでは研究が少なかった地域でした。

同じオセアニアの島でも、たとえばニューギニア島には標高四〇〇〇m《メートル》級の山があって、熱帯雨林から高山まで、環境の多様性があります。ニューギニア島は大陸を除くと世界で二番目に大きな島なので、外的インパクトによる影響は一部にしか及ばないんですね。

けれど、キリバスのように珊瑚礁《さんごしょう》でできた小さな島（珊瑚島）だと環境条件もシンプルだし、外からの影響は非常に大きくなる。キリスト教伝来や疫病に際しても、島が丸ごと影響を受けてしまいますね。しかもキリバスは、降雨量が不安定なので、干ばつもよく起こるんです。幸いキリバスには台風は来ませんが、珊瑚島に台風が近づけば霧状になった海水の粒子が内陸まで運ばれて塩害を起こし、作物が育たなくなります。

珊瑚島で作物を育てるためには、あるいは人が飲み水を確保するには、淡水が必要です。条件が許せば降雨によって淡水が溜まる「淡水レンズ」（凸レンズ状の地下水）が地中にできるんですが、その淡水レンズによって、雨の少ないキリバス南部でもなんとか作物が育ち、人間が生活できるようになるんですね。一般に、エクメーネ（地球表面で人間が居住している地域）の限界として砂漠と高山や極地、熱帯雨林が挙げられますが、僕はもう一つの限界は珊瑚礁の島だと思っています。キリバスの海域は広いけれど、無人島も多くあります。

「生態学的な環境条件が過酷な珊瑚島で、人びとはどうやって生活しているのか？」と興味をもってキリバスを調査地に選んだのですが、実際、研究の対象としては非常に難しかったし、現地での生活はしんどかったです。

自給できる作物が少ないので、首都から輸送される輸入食品に頼っていたのですが、燃料や淡水が足りなくて船の輸送ができない時期には、本当に文字どおり、飢えに苦しみました……。少しのお米に大量の水を入れて炊き、重湯のような薄い粥《かゆ》にして食べたり、古くなった小麦粉をふるいにかけて湧いた虫を取り除き、小さなすいとんを作ったりして、なんとか飢えをしのぎました。朝食が終わると昼食のことを、昼食を食べながら夕食のことを思い描き、夜寝ていても夢に食事が出てきました。そんなある日、現地の女性や子どもと一緒に、礁湖《ラグーン》へ潮干狩りに出かけました。砂浜で獲れる小さな二枚貝は、現地でも食料不足のときに頼る非常食です。それまで村人たちは「外国人（僕）は食料を隠し持っているに違いない」と思っていたようです。しかし、潮干狩りしている姿を見て本当に食料がないことを理解してくれました。そのあと、魚などのおすそわけを何度もいただきました。

？ それでも住みつづけている人がいるのはなぜでしょうか？

オセアニアの人たちは、簡単に島を出て行くこともある一方で、自分たちの土地に強くこだわる面もあります。彼らは、土地と一体化した人間観をもっているのではないかと思いますね。たとえば、マオリ語の「フェヌア」という言葉は「土地」と「胎盤」を意味するといいます。それで、人間集団と切り離せない土地を「共有している」という認識なので、個人所有を基本とした近代法のもとでは、土地をめぐる争いが頻繁に起こります。

そのとき、たとえばニューギニア高地を調査してきた知人によると、人びとの主張の仕方、争いの解決の仕方というのが僕たちとは違っていて、「正面から言いあって喧嘩《けんか》する」、そして「妥協したり納得したりする」というプロセスを踏んだうえで、「最後は仲直りする」というやり方が理想的とされているそうです。裁判で訴えて白黒はっきりさせるやり方だと、かえって

話がこじれてしまうというわけです。実際には、相手をやりこめるためにあえて裁判を利用したり、話がこじれて殺傷沙汰《ざた》が起こったりすることもありますが、やはり人間観や土地観は僕たち日本人のものとは違うと思います。

？現地における人間観、生死に対する感覚は、どのようなものでしょうか？

生死に関することというか健康面でいうと、当時、僕が長期調査していた離島にはそもそも近代医療の設備が十分に整っていなくて、たとえば虫歯でも、治療ができないまま放置されて、歯科医が年一回やってきたときにあっさり歯を抜くという感じでした。四〇代半ばになる頃には歯がないという人もふつうにいました。ココヤシの木から落下して腕を骨折したら、骨をつなげるよりも肩から下を切ってしまうとか……。近代医療による治療が生活圏にないのがあたりまえという感覚だと思います。

現地では、食物や飲料水に含まれる塩類の影響なのか、心臓突然死が多いです。「朝、起きてこなくて見に行ったら亡くなっていた」などという話もよく聞きます。本当に頻繁に、人が死んでしまうんです。死というものが生活の身近にある感じです。数年ぶりに島を訪れると、高齢者に限らず、若くて元気だった方が亡くなっていることもよくあります。人びとはもちろん悲しみますが、それも一時的で、すぐにケロっとしているんですね。しみじみ故人を偲《しの》ぶことは少ないようにみえます。

男性たちは外洋漁に出るので、天候不順やカヌーの後ろに外づけするエンジンの故障によって漂流してしまうこともあります。そうなると突然スイッチが入ったように、生存モードに切り替わる。なんとか海鳥を捕まえて血を吸ったり生肉のまま食べたり、あるいは魚を釣って飢えをしのいで、数ヶ月間も漂流しながら生き延びることがあります。ふつうは漂流すると不安や恐怖に耐えられないと思いますが、いちど生存モードのスイッチが入ったキリバスの人たちは、恐怖よりも、とにかくその場を生きることに集中するようです。もちろん彼らは僕たちと同じ人間だし、明るくいい人たちで友達になれるけれど、心身の深いところに、海上や珊瑚島で生き抜いてきた力強さのようなものを感じます。

？ 先生が調査されていたバナバ人は、そのような環境の過酷さに加え、大変な歴史も抱えていると伺いました。

珊瑚島の環境とは別のテーマで私が研究してきたバナバ人は、当時イギリス領だったキリバスのバナバ島に住んでいました。バナバ島は良質のリン鉱石を産出する島として有名でした。ところが島は、太平洋戦争時に日本軍によって占領されました。戦火が激しくなると極度に食料が不足してきたため、人びとは日本軍により追放されました。そして最終的にバナバ島でのリン鉱採掘を強引に推し進めたいイギリスの思惑によって、二〇〇〇キロ以上離れたフィジー

のランビ島へ移住させられました。彼らは先祖伝来の故郷を追い出され、かつ新しい故郷では侵略者扱いされかねない弱い立場の存在です。そこで、神話的な物語を作ることで両方の土地を「二つの故郷」として正当化せざるをえませんでした。

ランビ島で僕がお世話になった世帯の青年は、口承によって伝えられた強制移住の経験を自分自身の歴史として強く認識していて、行ったことのないバナバ島を「真の故郷」と考えているようでした。一方、自分が生まれ育ったランビ島の畑でイモやカヴァを栽培し、毎日のように近隣の男性たちと協働作業を行なっていました。そして夜になると、ござを敷いた床にみんなで車座になってカヴァを回し飲みしながら、ギターやウクレレの伴奏で楽しそうに歌い、笑い話を楽しんでいました。彼の家屋の近くには、バナバ島から渡ってきた祖父母の眠るお墓があります。

そんな彼らに対して「どちらの島にアイデンティティを感じているのか？」と問うことには、意味はないでしょう。アイデンティティという概念にはそもそも近代的な発想が強く、近代国家や集団によって作られたり強化されたりしてきたものなので、そのような問い自体が、国家や民族、ジェンダーなどの固定化された概念を前提にしていることになるんですね。彼らはもっと、近代国家の国民をはじめとする、既存のカテゴリーから外れたあいまいなところ、不安定なところにいる人びとです。彼らは、移民という不安定な立場や経済的に厳しい状況のなかでも、笑いを絶やさずになんとかたくましく生きています。

有効成分

****

変化にも柔軟に対応し、問題を乗り越えていくマインド！

資源が少ないキリバスでは、海外からの支援活動なども行なわれていますね。現地の人びとはどのように受け取っているのでしょうか？

教育や医療、土木建築関係の活動をするためにやってくる、ＮＧＯや政府、企業から派遣された大勢の外国人（日本人も含みます）のやり方は、現地になじまずにズレてしまう場合があるんですね。

たとえば、もちろん教育は重要ではあるんですが、学校という制度自体が、近代的な選別機構として働いていますよね。そこには、敗者を生み出して住民の間に断絶を作ることを正当化している側面があるはずです。だから、学校建設などをしている団体は「援助」という行為がもつ権力性や矛盾を自覚し、悩みながら活動する必要があると思うんです。

調査時のキリバスでは、気分次第で学校に行かない子どももふつうにいました。母親は口うるさく「学校に行きなさい」と言うけれど、強制はしません。学校に行かずに、彼らはのびのびと遊んでいます。十代になって村にとどまっている少年たちは、ココヤシの木に登って花穂《かすい》

を切って樹液を採取する技術や、秘儀的知識を必要とするイモの栽培法を年配者から学びます。釘を使わずヤシ縄でしばる建築法や、素潜り漁や網漁といった技術を、大人たちとともに体験しながら学んでいきます。ただし、現在のオセアニア社会では、教育を受けて進学して公務員や教員になり、安定した給料を得ることがよしとされています。都市の親族宅に居候している無職の若者たちは、手もちぶさたでくすぶっているようにみえます。

あと、教育だけでなく医療もそうです。近代医療には「とにかく生命は助けなくちゃいけない」という教条主義にしばられていますが、それが現地の人びとにとって必ずしも理想とは限らない。生命の尊さは自明としても、現地の人びとにとって「良い死」も「悪い死」もあるのだと感じます。ただ、西洋近代の知識や技術はもう引き返せないところまで普及しているので、援助者はせめぎあう境界領域でもがきながら、現地の感覚を大切にして可能な範囲ですりあわせることが大事かなと思います。

また、現地の人びとの「語り」を聞くときも、そのような意識をもつ必要があると思います。たとえば歴史学者である保苅実さんの『ラディカル・オーラル・ヒストリー』には、アボリジニの少し極端な例があげられています。アボリジニの長老は、自分たちの歴史について語るときにびっくりするようなことを話すんです。彼が言うには、「アメリカのケネディ大統領が彼らのもとを来訪して支援したことで、土地返還要求運動が盛んになった」と……。けれど、そんな話は文献にも何にも載ってない（笑）。

つまり、僕たちの目からは「事実」ではないですよね。それを聞き取った文化人類学者は、「アボリジニの長老はこのように語った」というふうに「語り」としてのみ受容するでしょう。保苅さんは、受容だけして信じようとしないそんな文化人類学者の欺瞞《ぎまん》的な態度を批判しています。「語り」を「信じない」というのは彼らを突き放しているのと同じだというわけです。話している当人にとっては、話している時点での真実なのだと思います。自分たちにとって「変だ」と思うような事柄に関しても、それを「変だ」と思う自分たちこそが「変」なのかもしれません。

？ 最後に、彼らのたくましさから日本人が学び、実践できるポイントがあれば教えてください。

キリバスの珊瑚島に住む人びとは、厳しい生態環境のなかで生活してきました。現在では外から運ばれてくる物資に頼って生きていますが、貨物船による物流が滞ると、主食の米や小麦粉を含む生活必需品が欠乏します。また、悲劇的な強制移住の経験をしてきたバナバ人の故郷も、干ばつに襲われてきた隆起珊瑚礁の島です。バナバ島では、一九世紀末に起こった厳しい干ばつのときに、渇きに苦しむ人びとが「トビウオの目の水を奪いあった」という凄まじい伝承があります。このような過酷な環境や歴史経験は、人びとに何をもたらしたのでしょうか。明確に答えることは難しいですが、人びとの行動の傾向性にヒントがあるように思います。

僕たちの基準からすると、キリバスの人びとのふるまいは、ときに飽きっぽくいい加減で気まぐれにみえることがあります。しかし、別の見方をすると、状況に応じて臨機応変に対応する「しなやかさ」をみてとることができます。海を漂流したときのモード切り替えのように、変化する状況にあわせた場当たり的な行動力や、家族の死といった悲しい経験を引きずらない、あっけないほどの無頓着さが、困難に直面した人びとを生きながらえさせてきた原動力のように思います。

日本は三〇年もの期間、経済成長が滞り、さらに人口減少も始まって、今後の見通しは暗いままのようにみえます。そんな日本人にとって、キリバスの人びとの、飢えに苦しむときでもその深刻さを笑い飛ばす「鈍感力」や、故郷を追われ、住む場所が変わっても変幻自在に順応するバナバ人の「柔軟性」などは、見習いうるポイントではないでしょうか。

処方箋　№6

人間には凄まじい生命力があるから、物理的にも精神的にも、ちょっとやそっとのことは大丈夫！ もし逃げられない状況だとしても、自分なりの生き方で適応する方法を生み出せるはず……！

症状にオススメの本

安部公房

『砂の女』（新潮文庫）

厳しいフィールドワークの最中に何となく想起していたのが、この小説。過酷な土地であっても脱出できずに永遠に住み続ければ、やがて心地よく感じるのだろうか。ディストピア（暗黒郷）的な現代世界のなかで、私たちはいかに生きることができるか考えたい。

梅﨑昌裕・風間計博編

『オセアニアで学ぶ人類学』（昭和堂）

この本の扱う範囲は幅広い。広大な海を渡った人類の移動史、遺伝的特徴、結婚や親族といった社会制度、さらにタトゥー、先住民問題から文化遺産まで、オセアニアの人びとを多角的な目線から紹介している。

ティンベルヘン

『動物のことば――動物の社会的行動』（みすず書房）

動物行動学の古典的名著。威嚇や求愛といったパターン化された動物の社会行動がどのような「しくみ」をもっているのかを明らかにする。訳者によれば、動物のコミュニケーションの研究ということもできる。

中島敦

『南洋通信 増補新版』（中公文庫）

作家は、太平洋戦争直前の南洋群島（ミクロネシア）に南洋庁の官吏として赴いた。島の情景が、繊細な知性と格調高い文体によって描かれている。鮮烈な色彩あふれる熱帯の光や、現地の人びとの明るくも物憂げなまなざしのなかに身をおく気分に浸れる。

フィリップ・K・ディック

『パーマー・エルドリッチの三つの聖痕』

（ハヤカワ文庫ＳＦ）

不朽の名作 SF。酷暑の地球から不毛な惑星へ強制植民させられた人びとは、幻覚に逃避する。そして、幻覚剤をめぐる悪夢のような戦いが繰り広げられる。読み進めるうちに、現実と幻想がめくるめくように入れ替わっていく。不思議な感覚が、たまらなく不快で心地よい。

保苅実

『ラディカル・オーラル・ヒストリー――オーストラリア先住民アボリジニの歴史実践』（岩波現代文庫）

オーストラリア先住民の理解しがたい不思議な歴史語りに直面したとき、私たちはどのように受けとめればよいのだろう。迷信として切り捨てるのか、認めたふりをするのか。他者との対話を通して、「あたりまえ」について考えてみよう。

本多勝一

『極限の民族』（朝日文庫）

新聞記者による名ルポルタージュ。カナダ・エスキモー、ニューギニア高地人、アラビア遊牧民の三部作。今どきの人類学者は、現地の生活にこれほど密着した経験をしているのだろうか。体当たりで見知らぬ土地に入っていく行動力を見習いたい。

風間先生の研究室はオセアニアの縄や貝の飾りで彩られていて、言葉の節々からも現地への愛着が伝わってきます。『オセアニアで学ぶ人類学』は、そんな先生の愛着がにじみ出る1冊。

カルテ　№7

お悩み

「住まいがなくなってピンチ！」

担当医

前田昌弘先生

（京都大学大学院人間・環境学研究科）

専門

建築学

研究内容

前田先生は、災害復興やまちづくりの研究者。スリランカで訪れた被災スラムの光景に感銘を受け、土地や住まいの観点から被災地の人びとを見つめます。彼らから学ぶ、「大変なときでも明るくいられる」秘訣とは……？

？スリランカでフィールドワークをすることになったきっかけはなんですか？

学部生の頃は京都大学の建築学科で設計系の研究室に所属し、製図室にこもって図面を描いたり模型を作ったりしていました。しかし徐々に都市や現場へと関心が広がっていき、修士課程では、アジアを中心に世界の都市や集落でフィールドワークをしている先生（布野修司）のもとで学びました。私がのちにフィールドとすることになったスリランカも、先生の数あるフィールドの一つで、現地を初めて訪れたのが二〇〇五年三月でした。その直前、二〇〇四年の一二月二六日に、インド洋大津波がスリランカを襲いました。スリランカでも死者は約三万五〇〇〇人、行方不明者もあわせると犠牲者は四万人以上という甚大な被害が出ました。

現地では研究室の先輩の調査を手伝うために最大の都市であるコロンボに滞在しながら、都市周辺で被災したスラムやインフォーマル居住地を訪ねました。津波の被害を受けてからわずか四ヶ月しか経っていないのに再建がかなり進んでいて、とても驚いたのを覚えています。スラム以外の被災地ではまだ瓦礫《がれき》が残っていて被害の生々しい爪痕が見えました。スラムの建物はもともとバラックということもあり、地元の人たちが拾い集めてきた廃材を使って自力で直したということでした。被災の二、三日後にはもう再建が始まっていたらしいです。彼らはエネルギーにあふれていて、私たちが訪れたときも笑顔で手を振ってくれました。そこで「なん

でここの人たちはこんなにも明るくいられるのだろう？」と感じ、そういった、今思うと素朴な体験が被災地でフィールドワークを始めるきっかけになりました。

有効成分

****

自分たちで合理的な秩序を作り出してみる、なんでもありの精神！

？スリランカの復興の様子について詳しく教えていただけますか？

フィールドワークをするなかで見えてきたのは、みんなで廃材を使って再建したり、もともとあった住宅の基礎やインフラを共同で使ったりという、現地の人びとなりに生活を再建していく営みでした。無秩序に見えるけれども、じつは人びとの関係によって「誰がどこを使うのか」がちゃんと決まっていて、そこには秩序があります。

たとえば、同じ家屋でも部屋によって利用する権利をもつ家族が違っていたり、昼はお店として貸しているけれど、夜は家族の寝床になるというふうに、時間帯によって部屋を使う人や用途が異なっていたりという場合もあります。「部屋」という概念自体も曖昧で、同じ家をしばらく時間が経ってから訪ねると壁の位置が変更されていて空間がガラッと変わっていた、ということも珍しくありません。彼らの柔軟性のある秩序が、再建プロセスを紐解くうえでのヒントになると考えました。

一方で、政府の方針で沿岸には建築規制が設けられ、原則として海岸線から一〇〇m《メートル》以内がバッファーゾーン（住宅の修復・再建が禁止されるエリア）に指定されました。スラムの人たちは規制が強化される前に再建を進めていたので半ば黙認されていたのですが、ほかの多くの地域の人びとは、内陸の再定住地に移動する必要が出てきました。復興を推進した政府の都市開発局は、バッファーゾーンだけでなく、再定住地の住宅の間取りまで、一気に画一的に定めてしまったんです。とにかくスピード重視だったので住民の声が反映される余地はなく、トップダウンで規制が行なわれました。それらの規制は公の説明では「安全のため」と言われていましたが、実際に起きていたのは、海外の資本を誘致しバッファーゾーンにホテルなどを建て、さらには沿岸部に住んでいた漁民を締め出すという、人権的に問題のあることでした。その頃から、「被災の混乱に乗じて新自由主義が台頭してきた」という批判も国内外から出てきました。

？ 住民の方は、どのような気持ちで再定住地に移り住んだのでしょうか？

再定住地に入居したあとも政府によるケアはほとんどなかったため、生活していくうえで問

題や不満も出てきたようです。しばらく経つと、もともと住んでいた沿岸部に戻ったり、ほかの場所に移ったりという人が相次ぎました。再定住地を訪れてみると、前よりも空き家が増えていたり、荒野のようになっていたり、あるいは最初から人が住んだ形跡が一つもないところもありました。

再定住地の住宅そのものの質は、スリランカの低所得層の住まいの一般的な水準からすると、かなり高いんですね。所有権が与えられていて、電気や水道もちゃんと通っています。ただ、住宅がいくら立派でも、それだけでは暮らしていけません。再定住地に入居したとある青年が「以前の住まいは海に近く、家のまわりにバナナとかココヤシとか生計の足しになる植物もたくさん生えていて、食べていくには困らなかった。再定住地に移ってからは、特に不漁の時期は食べていくのにも困った」と言っていました。あとになって、再定住地の住宅を貸したり売ったりしたお金を元手に、自分は別のところに住宅を再建するという人もいると知りました。政府にとってのゴールである復興住宅が、住民の人生にとってはステップの一つだったわけですね。

政府のやり方はたしかに乱暴なものでしたが、一方で、それはあくまで「復興の過程の一部」であり、いろいろな条件が重なることで結果的にはうまくいっていることもあるんじゃないかとも思いました。博士課程からは住宅計画、まちづくりが専門である先生（高田光雄）の研究室に進んだということもあり、政策の目論見が「正しいか正しくないか」はいったん置いておいて、再定住の実態がどうなっているかを現場で見て、定住率や住宅地の立地、住宅のつくり方などから計画の善《よ》し悪《あ》しを客観的に判断したいと思ったんです。

ちょうどその頃、知りあいを通して南部のウェリガマという地域を訪れる機会がありました。そして、わりと不便な立地にもかかわらず、人が長く住みつづけている再定住地があることに気がつきました。「少なくとも人が住みつづけているのであれば、うまくいっていると言えるのでは？」、そして「うまくいっているのには、立地以外の要因があるのでは？」と思いました。そうしてウェリガマの再定住地で調査をするうちに見えてきたのが「地縁、血縁、マイクロクレジットの関係」といった社会的な関係性や、そこに根ざした主体性でした。

有効成分
＊＊＊＊＊＊＊

「ふつうの人たち」が集まってつくる、誰もとりこぼさないためのしくみ！

？その関係性・主体性の大切さというのは、日本の災害復興にも当てはまるものでしょうか？

そうですね、阪神・淡路大震災や東日本大震災も含めて共通しているのは、再定住がうまくいくカギは、「当事者の主体性、能動性が発揮されるかどうか」だということです。阪神・淡

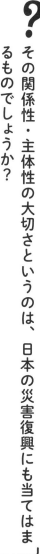

路大震災からの住宅復興は、戦後復興期や高度成長期に培われたマスハウジング（大量の住宅を迅速かつ効率的に供給するしくみ）のノウハウを用いて、非常にスピーディだったと評価されています。一方で、本来多様な生活再建やコミュニティを一つのプロセスに集約する「単線型復興」で、被災者の孤立や孤独死を招いたとして批判もされました。

スリランカの場合、同じくマスハウジング的な策ではあったものの、私が現場で目の当たりにしたのは住民のたくましい姿でした。特に再定住地の「マイクロクレジット（低所得者に対する無担保での小規模融資のしくみ）の関係」では、銀行でお金を借りる際に担保となる資産をもたない貧しい人びとが集まって、彼らを支援するNGOの助けも得ながら女性たちを中心としたグループを作り、お互いの信頼関係をもとにお金をなんとかやりくりしていました。そうして、再定住地の環境をよくしたり、仕事を生み出したり……というふうに、異なる価値観をもった人びとがつくるコミュニティが具体的に立ち上がっていくさまをみて、「コミュニティってこういうものだったのか！」と納得してしまったんですね。

たとえば、津波以前は、漁民の家族では女性（妻）がお金を扱うことを嫌がる男性（夫）が多かったようです。再定住地でもそういった価値観は完全には消えていませんが、生き残っていくためにはそうも言っていられません。また、再定住地の住民間には出自やカーストの違いによって、対人関係に微妙な距離感や軋轢《あつれき》が生まれることもあるのですが、少なくとも再定住地での生活再建という共通の目的に関しては偏見なくつきあっていこうという共通の感覚が芽生えていました。津波や再定住を契機とした小さな変化の積み重ねによって、女性たちによるマイクロクレジットの活動は成り立っていたんですね。

日本では阪神・淡路大震災の一九九五年が「ボランティア元年」とされていますが、当時の活動はあまり組織化されていなかったようです。東日本大震災は、日本人が日本人を組織的に支援するという初めての経験だったのではないでしょうか。ただ、そこでは「支援する側」と「支援される側」の非対称性が明らかになり、外部と内部の明確な線引きがなされてしまったところもありました。被災した人たちの心理として「支援してもらってもお返しができないから」ということで、支援を受け取るのをためらってしまうこともあったようです。

？

先生は東日本大震災の際、被災地で活動していたと聞きました。「支援する側」と「支援される側」の非対称性について体感したことを教えてください。

東日本大震災が起きたのは、私がちょうど博士課程を終えようとしていた頃でした。知りあい（NPO法人アプカス・石川直人）のNGOの活動に臨時のスタッフとして参加し、宮城県気仙沼市にある本吉町という地域で仮設住宅の環境改善をお手伝いする活動を行ないました。

国と県が手配した応急仮設住宅は細やかな配慮が行きとどいておらず、冬は寒く夏は暑い東北の気候にあっていない仕様でした。私たちはそこに着目し、地元の行政やほかの支援団体と話しあいながら改善の方法を探りました。結果的に、ホームセンターでも手に入る材料でDIYによる住環境改善の方法を提案し、進めることになりました。まずは住民の人たちに仮設住宅の集会所に集まってもらい、「希望する人にはボランティアが家に行って作業します」「一緒にやりましょう」と伝えました。私たちは弱小な団体だったので、住民自身にもやってもらうことでマンパワーの不足を補おうとしたんです。

実際、ボランティアたちの手によって作業が進められ、結果的には予定していた世帯ほぼすべてに対して活動が行きとどき、予想以上の成果が出ました。ただ、そのボランティアというのは、週末などを利用して全国から集まった、大工さんでもなんでもないふつうの人たちだったんですね。あとになって住民の方に話を聞いてみると、「専門家ではない、自分たちに近い存在であるボランティアの人たちに親近感が湧いた。だからこそ、見ず知らずのボランティアからの支援を受け入れたし、『自分たちにもできる』と前向きになれた」のだそうです。

やはり、自分が「人から何かをされている、与えられている」と感じるときはどうしても受け身になってしまうので、自分から他者や環境に働きかけられるようになったときや、自分が与える側に回ったときに初めて、主体性というか、尊厳が得られるのだと思います。

？ スリランカで最初に感じた「なんでここの人たちはこんなにも明るくいられるのだろう？」という問いの答えは見つかりましたか？

それは最近になってわかってきたような気がします。

スリランカではさまざまな支援団体が日常的に地域に入っているのですが、ドナー（寄付者）や支援側の事情により「いつかはいなくなる」存在として住民からは認識されているようです。住民にとっていろいろなセーフティネットのうちの一つにすぎないんですね。あるとき、ずっと調査をしていた再定住地に久々に行ってみると、あたり一面が草木に覆われ、ジャングルのようになっていて、非常に驚きました。行政やNGOがドナー側の意向をもとに作ったものもほとんど使われなくなっていました。ドナーから与えられたのは、住民のなかから湧いてきた「共助」によるものではなかったんですね。住民はとりあえずいったん受け入れたんだけど、外からのものは長続きしなかった。それは計画者目線では無惨な結果と言えるかもしれないけれど、住んでいる人びとの表情や姿はむしろ生き生きしているように見えました。

運動場には草木が生い茂り、集会所も使われなくなって荒れていました。でも、ビーチや家のまわりなど、彼らの生存にとって不可欠な場所はすごく綺麗に手入れされていましたし、集会所の代わりに誰かの家の軒先に集まっていて、それで特に問題はありません。行政やNGOをあてにしすぎず、自分たちでなんとかしようという気概がすごい。

なかには行政に認められていないグレーな行為も多いんですが、彼らが「土日には、役所の目を盗んでみんなで自力建設！」という具合に楽しそうに活動する姿を眺めていると、それがとても自然なことに思えてくるのだから不思議です。行政やNGOによる支援がなくなり、住民が再定住地の環境に積極的に働きかけるようになることで、人びとが環境とやりとりする関係のなかにある意味や価値、いわゆるアフォーダンスが湧き上がってくるんですね。そのようにとらえると、「用意された場所が計画どおりに使われなくなった」というのは大した問題ではないとも言えます。それよりも、たとえばそれぞれがもっているスペースをみんなで使うなど、スリランカのコミュニティにもとからある「自助」や「共助」の形が発揮されることが大事なのだと思います。

それと、住民とあるていど仲良くなってから話をさらに深く聞いてみると、じつは漁業の暮らしの大変さや子どもの教育上の問題などさまざまな理由があって、津波以前から「海岸の暮らしから抜け出したかった」という本音も、特に小さな子どもがいる女性から聞こえてきました。再定住地が彼らの暮らしや人生の選択にとって、完全にマイナスに働いたというわけでもないんですね。再定住地を計画する際には、そこに暮らす人びとが主体性を発揮できる余地を残すような作り方をすることが大事なのだと感じました。住まいやコミュニティは暮らしながらできあがっていくものです。

日本の社会は社会福祉や福利厚生が比較的充実していて、国や大企業がパッケージ化した支援を提供する、いわゆる「公助」が発達してきました。だからこそ、復興に限らず、自分たちが主体的に動かなくても、「公=国などの大きな主体」がやってくれるだろうという考え方に陥りがちです。しかし、特に災害時など、「公助」に限界があるのは明らかで、それとは異なる地域やコミュニティごとの「共助」の文化が重要になってきます。

私がみてきたスリランカの人びとは「地縁、血縁、マイクロクレジットの関係」以外にも宗教や仕事の関係なども含めたセーフティネットとなる社会関係のなかで、自分たちでできることは自分たちでなんとかしていました。東北のコミュニティでも、「共助」（町内会・自治会などの地域での活動）では範囲が広すぎるところを補う「互助」、つまり「お互い様」の関係や、あとは「近助」、つまり「お互い様」とすら思わない関係など、「公助」からこぼれ落ちそうな人を支えるための関係性が息づいていました。このような、場所ごとの人と環境の相互性のうえに成り立っている暮らしやコミュニティのあり方が、「なんでここの人たちはこんなにも明るくいられるのだろう？」という問いの答えの一つなのかなと思います。

処方箋 №7

仲間と楽しく力をあわせて、生きたいように生きてみる！ 公のしくみが頼りなくても、自分たちで住みやすい社会をカスタムすればノープロブレム！ そうするうちに自然と、誰もとりこぼさない、社会のセーフティネットもできてくる。

症状にオススメの本・映画

エミリオ・エステベス監督

『パブリック 図書館の奇跡』（バップ）

アメリカの地方都市の公共図書館で、常連の利用者であるホームレスの人びとに同情し、ともに図書館に立てこもることを決意した図書館職員たちの姿を描いた映像作品。彼らの行動が引き起こす人びとのトランザクション（やりとり）から、多様な人びとの関係が織りなすコミュニティの可能性と現実を垣間みることができる。

西山夘三

『住み方の記（増補新版）**』**（筑摩叢書）

戦中から戦後にかけて住宅困窮に苦しむ庶民を救うべく、住まいのあるべき姿を世に問い続けた住居学の創始者が自身の住まいの遍歴を記した書。豊富なスケッチ、間取りとともに語られる住まいの数々は、激動の時代における住まいの変遷の貴重な記録であり、住まいの豊かさとは何か、現代を生きる私たちに問いかけてくる。

日本建築学会編

『建築フィールドワークの系譜――先駆的研究室の方法論を探る**』**（昭和堂）

世界にはその土地の風土や習慣を反映したさまざまな住まいがあり、なかには私たちの常識を揺るがす、アッと驚く住まいがある。建築フィールドワークの先駆者たちは何を求めてフィールドに飛び出し、何を持ち帰ったのか。本人の証言やフィールドノートの数々から、住まいを通じて世界に触れる術を一挙に学べる書である。

待合室の小ばなし3

役に立つ呪術・妖術

小川さやか

呪術や妖術のあり方は文化によってまったく違って、アフリカ内だけでも一枚岩じゃないんです。タンザニアでは、伝統医のところにも行くし近代医療を提供する病院にも行くという「呪術・妖術と近代科学のミックス状態」ですね。病気を治したとしても、誰かが呪いをかけていたのだとしたらまた不幸が来るかもしれない。そこで伝統医のところに行って災難の理由を聞くのが、文化人類学者のエヴァンズ・プリチャードが言っている「災因論」です。

日本だったら「あと五分早く家を出ていれば事故に遭わなかったのに」というように、偶然の不幸として片づけようとしますが、それでも感情の行き場がないときってあるじゃないですか。「なんでよりによって私の大事な人が、病気になっちゃったんだろう」という気持ちを収めるのは、科学の領域ではなくて宗教や文化の領域に入るものです。

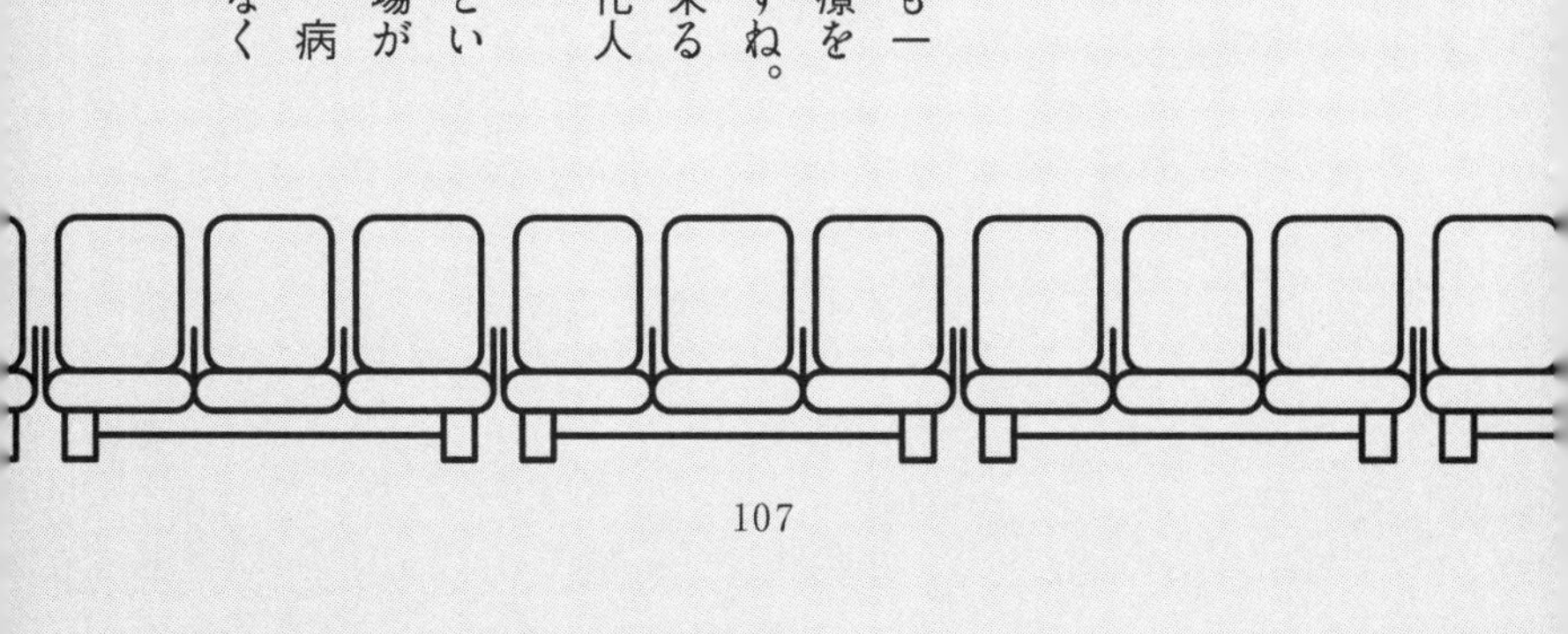

日本人はそのような説明論理を「人のせいにしている」ととるかもしれません。でも妖術があるからこそ、ふだんからみんな妬《ねた》みや嫉妬を買わないように、人におおらかに接するようになることもあります。それに、余裕がある人から余裕がない人に、食料やモノを分配するしくみにもなる。社会を維持するシステムでもあるんです。

じつは私は現地に仲良しの伝統医がいて、ちょっと相談事があると占いみたいな感覚ですぐ行っちゃうんだけど、そこで「黒い雄鶏を探してきなさい」とか言われるんですね。鶏を持っていくと、突然その場で首を切って、その血がシャーっと飛んだ方向を見て「この方角に行け」と言ってくれたりする（笑）。あるいは「最近運が悪いんですよ」と言うと「祖霊が怒っている。墓の掃除をしろ」とか「生き霊に憑《つ》かれているから、人に対して親切にふるまいなさい」というようなことを処方箋として言ってくれたり、呪薬をくれたり。そんな感じで、社会を維持するためのシステムとして実用的に機能する側面もあるんですね。

一方で、近代に入って因果やリスクを管理できるようになって、いろいろなことが予測可能になったからこそ、「それでもわからない」スピリチュアル的なものにより関心が深まったという側面もあると思います。人間誰しも「あなたの未来はこう決まっています」と言われたときに、なんとかそれを変えたいと思ったりするものなんじゃないかな。妖術や呪術は必ずしも地域の迷信や伝統を引きずっているわけではなくて、西欧社会との接触や植民地支配が始まって資本主義経済が登場した時期に活性化したのだという議論もあります。貧富の差が拡大したりプランテーション農園で働かされたり、そういった不条理なことに対する抵抗や知恵でもあるのでしょう。

もっとも、今の人類学では、そんなふうに他者の世界を私たちの理解や解釈の枠組みに当てはめて合理的に説明しようとすることにも批判があります。また彼らも呪術や妖術にまったく疑いを抱いていないわけでもないはずです。それでも人間以外の存在も含めて、私たちの世界がさまざまな形で成り立っていることを探究するのは、面白いですよね。

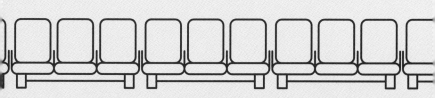

ドライな人間関係

松田素二（総合地球環境学研究所特任教授）

僕がケニアでお世話になった家族は、出稼ぎに行ったお父さんの行き先がわからなくなっていたのですが、彼は歳をとって仕事をリタイアしてから、別の女の人を連れて村に帰ってきていました。

今は時代が変わってきていますが、僕が調査していた一九八〇～一九九〇年代当時、ケニアの農村部の家族は、男性は都市に出稼ぎに行き、女性と子どもは村に残るというのが典型的な構図でした。その間、クリスマスやイースターのたびに帰ってくるような男性もいる一方で、「出稼ぎ」と言っているにもかかわらず一〇年以上も家族にお金を送らない、あるいはまったく帰ってこないという男性もいました。「村には帰らないしお金も送らないけれど、ずっと結婚したまま」という状態は日本人には想像がつかないかもしれませんが、彼らはきっと、僕たちが思っているよりも「なんとなく」結婚しているんじゃない

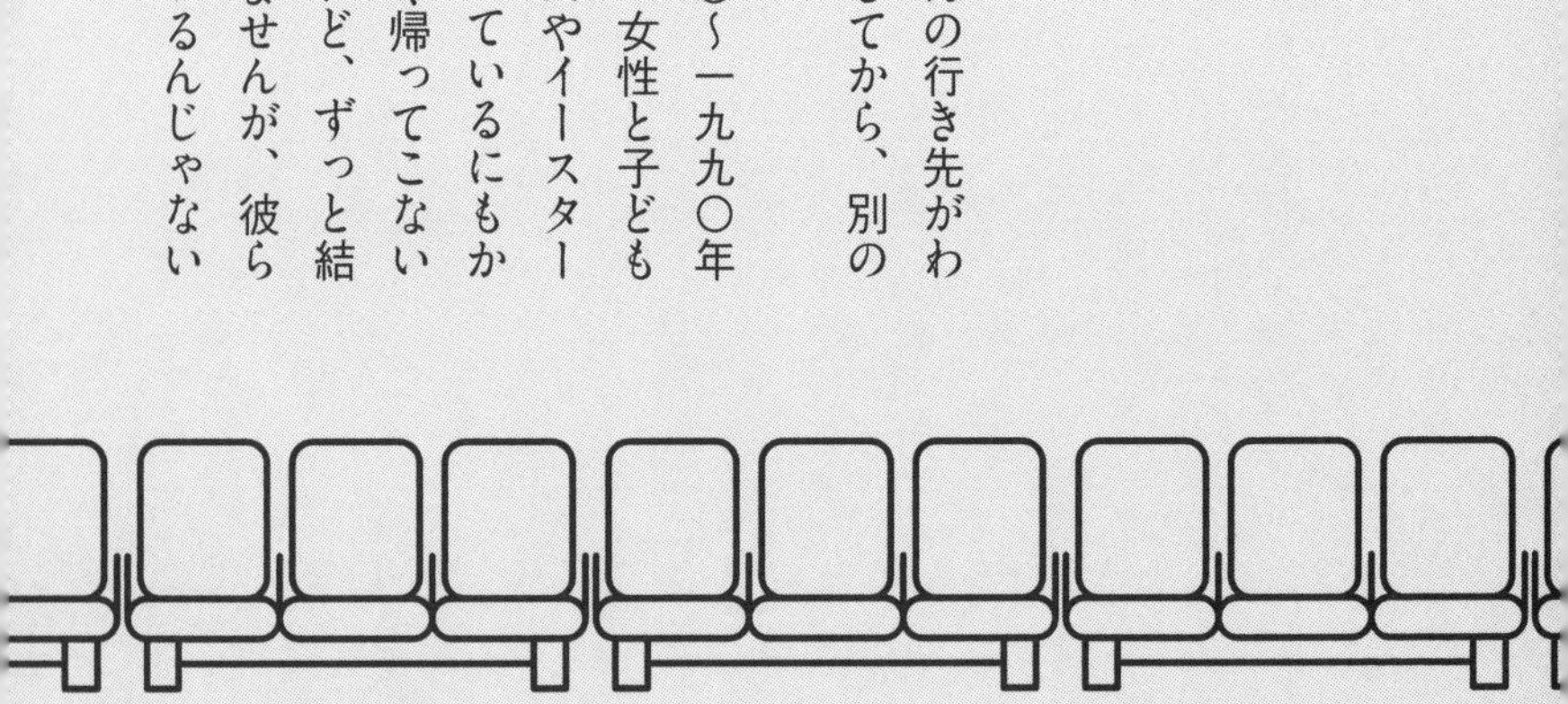

かな？　彼らは厳格な決まりのもとで結婚するわけではないんですね。結婚のあり方は文化によってさまざまで、ロマンチックラブで生涯愛しあうことが大事だとしている社会もあるし、子どもをもうけて財産を受け継ぐために結婚するという社会もあります。じつは多くのアフリカ社会における結婚の意義というのは後者です。結婚してできた子どもは社会的に認知されて、農地などの財産が相続できます。

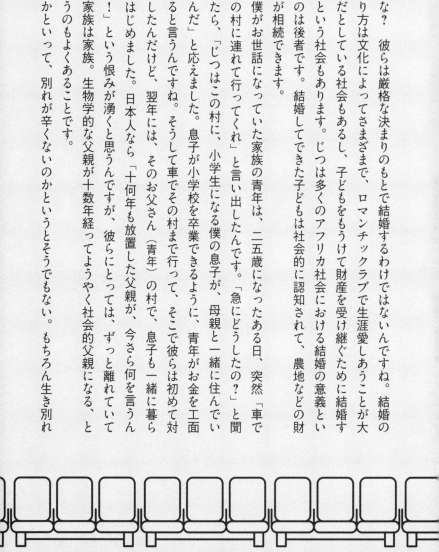

僕がお世話になっていた家族の青年は、二五歳になったある日、突然「車でこの村に連れて行ってくれ」と言い出したんです。「急にどうしたの？」と聞いたら、「じつはこの村に、小学生になる僕の息子が、母親と一緒に住んでいるんだ」と応えました。息子が小学校を卒業できるように、青年がお金を工面すると言うんですね。そうして車でその村まで行って、そこで彼らは初めて対面したんだけど、翌年には、そのお父さん（青年）の村で、息子も一緒に暮らしはじめました。日本人なら「十何年も放置した父親が、今さら何を言うんだ！」という恨みが湧くと思うんですが、彼らにとっては、ずっと離れていても家族は家族。生物学的な父親が十数年経ってようやく社会的父親になる、というのもよくあることです。

かといって、別れが辛くないのかというとそうでもない。もちろん生き別れや死別の場面で悲しんで泣くこともあるけれど、彼らは「別れは別れ。なくなったらおしまい」という唯物的な感覚をもっているんですね。ドライに感情と事実を切り離すというのが、彼らのやり方なのだと思います。経済的・地理的背景や人間関係の事情によって流動的に移動をせざるをえない生活を生き抜くための、一つのすべなのではないでしょうか。

松田先生のご専門は「都市人類学」。ケニア・ナイロビ近くのスラムに住みこみ、村から出稼ぎに来る人びとを家族丸ごと調査してこられました。

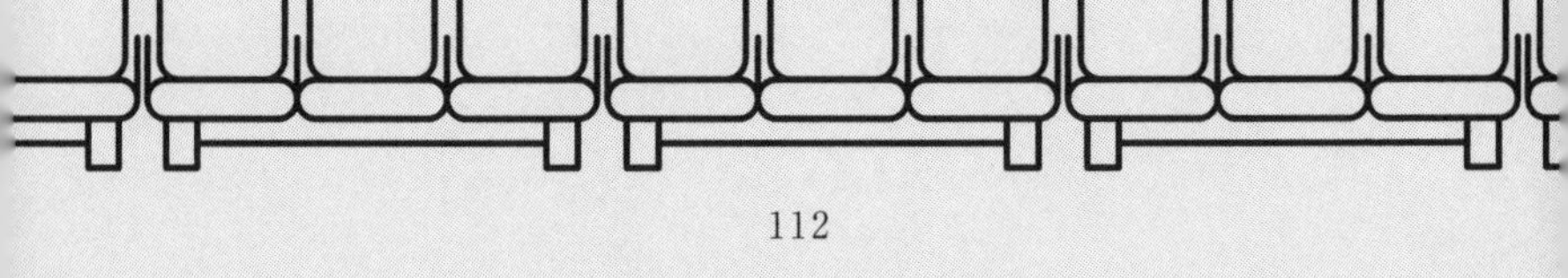

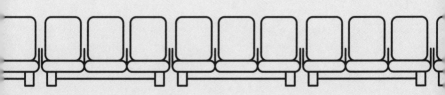

第 III 部

よりよい
社会のための
処方箋

カルテ　№ 8

お悩み

「差別がない社会を作るには?」

担当医

岩谷彩子先生
（京都大学大学院人間・環境学研究科）

専門

文化人類学

研究内容

岩谷先生は、ルーマニアや南インドで「ジプシー」と呼ばれてきたロマ（少数民族の一つ）や移動民に密着！ インドから世界に離散したとされている「境界をまたぐ者」としての「ジプシー」に温かいまなざしを向け、彼らのたくましい生き様をとらえます。

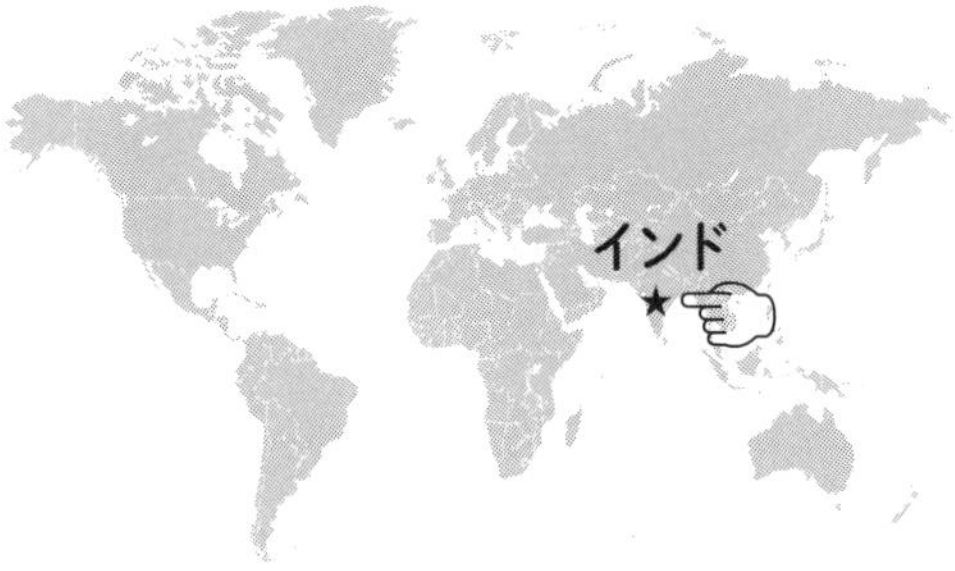

？先生はどうして文化人類学者になったのでしょうか？

文化人類学に出会ったきっかけは、中学三年生の頃に中沢新一さんの本『虹の理論』（新潮社）を読んだことでした。それまで触れたことがなかった世界観にすっかり魅了され、文化人類学の道を志しました。ずっと人間に対する興味はあったのですが、とりわけ強い関心をもったのは、世の中でちょっと鼻つまみものにされているような、また一方ではエキゾチックなあこがれの存在でもあった「ジプシー」と呼ばれてきた人びとです。彼らが世界をどう見ているのか、知りたかったんですね。

最初のフィールドは、人びとが温かくてフィールドワークがしやすい南インドを選びました。ヨーロッパのロマとのつながりを考えるなら、移動のルートや言語の関係で北インドの移動民研究のほうがロマとの親和性が強かったのですが、当時は女性が一人で北インドに行くのは治安面で危険だと言われていたこともありました。また、インド国内におけるジプシーの離散の可能性を考察するうえでも、南インドで研究を始めることにしました。

有効成分

人間／動物、生／死の境界をも超えて、俯瞰する力

？ 先生は、南インドの「ジプシー」であるヴァギリの人びとを調査対象にしていますね。日本だと移動民は「マレビト」などと呼ばれ、畏怖の念をもたれている存在ですが、南インドの場合はどうでしょうか？

ヴァギリの人びとに対する畏怖はあります。ヴァギリは土地に根ざしてこなかった「異人」ですが、そんな特性が畏怖にも差別にもつながりうるんですね。逆に移動民や「ジプシー」はそうしたまなざしに呼応する形で、元手がほとんどなくてもできる占いや芸能、小商いなどに従事してきました。彼らが提供するサービスは生活に不可欠というわけではないのですが、「いつもはなくてもいいけど、時々あったらいいな」というふうに生活を豊かにするものであり、土地に根ざしていないからこそ、サービスに付加価値をつけられたのです。

ヨーロッパのロマが行なってきた占いも「過去を合理化し、未来を手繰り寄せることで、現在という地点に新たな時間をつくる」という営みであり、それによって、それまで積み重ねてきた過去の思いこみや「こうあらねばならない」という束縛から解き放たれるのかもしれないですね。占いに説得力があるのは、身近な人ではなくて自分のことをまったく知らない人がズバッと言ってくれるからです。そもそも私たちの未来はわからないものです。そこに突然現れる異人が告げる未来は、疑似的に未来を「今、ここ」に見えるものにしてくれるのですね。

このような異人に対する畏れと恐れとが出会ったときに「ジプシーなるもの」が生まれるんだと思います。あこがれや敬愛を含めた畏怖と、未知である「外」からやってくる存在に対する恐れとのはざまで、「ジプシー」や移動民は両義的な扱いをされてきました。彼らは、行く先々で国家が管理できない存在として差別や抑圧を受けてきました。さらにそこに科学の仮面をつけた人種主義思想が覆いかぶさり、第二次世界大戦時に「ジプシー」／ロマはホロコーストの対象になってしまったのです。

？「土地に根ざしていないこと」以外に、食文化の違いも畏怖や差別の対象になっているのでしょうか？

狩猟採集に従事してきたヴァギリは、ヤマネコやジャッカルなどを食べる習慣があります。ヒンドゥー社会でジャッカルは「ヤマ（日本でいう閻魔《えんま》様）の使い」とされており、しかも雑食のジャッカルは忌避《きひ》される動物です。しかしヴァギリの社会はそのような価値観に染まっているわけではなく、生存のためにはただ入手できるものを食べるしかありませんでした。ヴァギリの生活は、動物や植物なくしては成り立ちません。けれどもそこに接近しすぎると、人間でなくなってしまう。

面白いのは、ヴァギリ語でそれぞれの動物の固有名詞はあるものの、それらを総称する「動物」という単語がないことです。彼らにとっては、動物は人間と対峙《たいじ》する相手、等しく交渉する相手なんですね。彼らのリネージ（父系氏族）の女神に対する儀礼では、彼らの家長がリネージの女神に動物をいけにえとして捧げます。そして彼らは女神に憑依《ひょうい》されることで、自分たちも神＝動物の一部となります。神および動物という、外なるものを自分たちのなかに取りこむことで自分たちの秩序や境界を更新していくというのが、集団を維持していく彼らなりの方法なのです。

「ジプシー」の集団の維持の仕方について、彼らは仲間が亡くなったときにその場に埋めて、すぐに立ち去るという話を聞いたことがあります。

南インドでは、葬送儀礼のなかで生命が「循環」するという考え方がされているのですが、ヴァギリの間には「循環」という考え方はなく、死は伝染するもの、したがって避けるべきものと考えられています。そのせいか彼らは、移動先で仲間が亡くなると、遺体や故人の持ち物をその場に埋葬し、すぐに移動してきました。実際に死の原因が伝染病などの場合、小規模な彼らのコミュニティは存続の危機に瀕《ひん》します。また、身内の死で「辛くて動けない」という状態は、移動することで生活の糧を得てきた彼らにとって、物理的にも社会的にも死を意味していたのです。

最近ではヴァギリにも居住地が与えられるようになり、二〇〇〇年代初頭からは亡くなった家族の写真などを家に飾る人も現れはじめました。ルーマニアで移動生活を送ってきたロマの場合も、ヴァギリと同様に死者や遺品を移動先で埋葬し、その場をあとにしてきました。定住した現在、彼らは墓を作り、遺品を屋根裏などにそのまま置いています。これは定住とともに生まれた文化ですが、よく考えると、従来のやり方と矛盾していません。というのも、それは家の中に仏壇を用意したり、積極的に遺品を整理したりといった死者を過去にする行為をあえてしないということなんです。

それは決して彼らが淡白であるということではなく、死への向きあい方が違うだけです。彼らの世界では、「生きていること」と「死んでいること」が現在に並存しています。つまり過去も未来も現在形なのですね。迫害や事故、病気など、死の危険にさらされることの多い日々を送ってきた移動民だからこそ生まれる姿勢だと思います。

仲間の死後すぐにその場を立ち去るのも、彼ら独自のロジックにもとづく行為なのですね。

そうですね。あとは彼らの宗教実践や儀礼なども、私たちから見ると不思議に感じられるかもしれません。儀礼中に「伝播する」と言われている憑依に関しては、彼らの間でも疑っている人はいます。それでは、どのように憑依や信心は伝播していくのでしょうか。

ヴァギリの婚姻関係を左右するリネージには、それぞれ信奉する氏族神がいて、儀礼ではその女神が家長にまず憑依し、それが息子たちに伝播していきます。神は穢《けが》れを嫌うので、儀礼前に家長は肉を食べない、水浴びをしないなど、潔斎《けっさい》状態に入ります。儀礼では神を呼びこむ際に、氏族の成員から「ジェイ、ジェイ」というかけ声をかけられて、徐々に家長は憑依状態になっていくんです。

また、ヴァギリは近年、タミル・ナードゥ州で信仰を集めるヒンドゥー教の神様である「マーリアンマン」への信仰を強めています。毎年、マーリアンマン寺院への巡礼が行なわれるのですが、出発前、潔斎をして巡礼者が身につける黄色の衣服を着た人びとが、五〇人くらいどんどん憑依していっていました。そして長距離を歩いて巡礼に行くのですが、寺院の喧騒と身体的な疲労のなかで、巡礼地ではさらに憑依が起こります。

私もヴァギリにはやし立てられてマーリアンマンの憑依を呼びこもうとしましたが、残念ながら成功しませんでした。ただ、現地で「神様の足音」を聞いたことはあります。

ある日、深夜二時頃に急に目が覚めたのですが、家の外で等間隔に鳴る鈴の音がしたんです。そこで思ったのは、それがカルプサーミという神様の足につけられたアンクレットの鈴が揺れる音ではないかということでした。野良牛の鈴にしては規則正しすぎるその音が恐ろしくて、私はその音の正体を確かめる勇気がなく、再び眠ることにしました。カルプサーミは深夜に集落の周囲を歩いて回るらしいのですが、ひとたびその姿を見てしまったら殺されるとか……。翌朝確認したところ、同じ家で寝ていた家族も同じような音を聞いたとのことでした。

もしかしたら、カルプサーミへの信仰心を強めさせるために誰かがわざとやっていたという可能性もありますが、けれどもやはり、さまざまな条件が重なるときには何かが起こるんだと思います。現地で人びとと同じ生活をするなかで、みんなが信じていることを聞き、吸収して、

「こういうことが起こったらこうなんだ」というロジックがだんだんできて一定の条件がそろえば、神様の足音も聞こえるようになるのかもしれません。

有効成分

****

誰もが個性を活かせるような、かかわり方の模索

？カースト制などによる差別について、人類学者はどこまで文化として受け入れ、どこまで介入すべきなのでしょうか？

カースト制は、もともとは異なるコミュニティ間の分業体制により、相互にサービスを交換することで成り立ってきたものです。地域によってもコミュニティ間の関係性は異なっていたのですが、植民地期に、西洋人によってバラモンを頂点とする固定的なヒエラルキーの制度が全インドで確立されていきました。

インドの移動民に対する差別にも、西洋近代的な見方が大きく影響しています。ヴァギリの人たちは単に抑圧されていただけではなく、地域では「森の民」としてある種の畏怖の念ももたれてきましたし、需要と供給の関係もあったんですね。ただ、市場原理の導入とともに、たとえば托鉢《たくはつ》という行為もその宗教的な意味が剥奪され、ただの「物乞い」になってしまってい

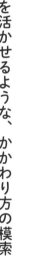

ます。動物の見世物や狩猟も、森林保護と動物愛護にもとづいて制定された野生生物保護法によって禁止されてしまいました。そうすると人間が動物に対してもっていた共感や共生の技法までもがそぎ落とされて、動物は管理・保護する対象としてしか見られなくなってしまうんです。

西洋由来の自然保護、環境保全の論理のもとで、自然が人びとの営みからかけ離れた、一元的なものとしてみなされるようになっています。ヴァギリにせよ、ヨーロッパのジプシーにせよ、向かいあってきた自然のあり方というのはもっと多様であったはずで、個別に交渉するような相手でした。彼らを通して多様な自然のあり方に向きあってきた地域の人びとの感覚も、自然を一元的なものとしてとらえるようになってきています。

差別や理不尽な制度は改める必要があると思いますが、それを単にこちらのまなざしでとらえるとそれも何かを押しつけることになりますし、ローカルな視点に根ざし、どういった構造で差別が生じているのかを考える必要があると感じます。

?

国や県などの大きな枠組みありきで考えるのではなく、もっとローカルなつながりにもとづいたしくみのほうが、うまく働く気がしますね。

ローカルな需要というのは、まさに人類学がすくい取ろうとしてきたものだと思います。しかし、「では、もし在地の論理に差別が入っていた場合に、どう対処するか?」というのが、

難しい話なんです。たとえば日本でも、社会の境界をまたぐ移動民、芸能の民は昔から差別されてきました。彼らは社会の中心的な秩序を脅かす存在として受け取られがちです。彼らは社会の「内」か「外」か、そのどちらにも完全には属していないからこそ、社会の矛盾を見せたり、価値観をひっくり返したりすることができるからです。彼らを社会の「内」か「外」どちらかの領域に固定させようとするとき、彼らが境界線上で見せてくれていた、この世界の臨界点や矛盾は見えなくなり、芸能がもつ、価値転覆力はそがれ、システムの内に閉じられたものになってしまいます。

このようにローカル目線でも、差別を「よくないもの」として批判するだけでは不十分で、それが生じている政治社会的な背景や、動物や自然との近接性から差別に至ってしまうような思想の歴史にまで目を向ける必要があると思います。

具体的にどのように共生の可能性を探っていけばよいと思いますか？

北西インドのラージャスターン州で移動生活を送ってきたカールベーリヤーの人びとは、差別のなかでなんとか生き抜いてきました。もともと彼らはヘビ使いとして芸能にもたずさわってきましたが、野生生物保護法により、彼らの生業は否定されることになりました。

しかし一九八〇年代以降、カールベーリヤーの女性たちは、世界各地で「ヘビの代わりに」、また「インドのジプシー」として舞台で踊り、世界中で活躍しはじめています。人間と自然、異なる社会の境界を行ったり来たりし、またそれを創造したりすることで、なんとか自分たちの生活を維持しています。そうやって、境界線上で生きてきた自分たちの強みを最大限活かす道を模索しているんですね。とてもたくましいことだと思います。彼女らの踊りは、二〇一〇年、ユネスコの無形文化遺産に登録されています。

このように境界を絶え間なく創造し、かく乱していく人びとの生き方を知ることは、私たちの帰属やアイデンティティがそもそも可変的であるということを気づかせてくれます。お互いがその可変性を認めあっていくことが、共生の出発点になりうるのではないでしょうか。

処方箋 №8

「私たちと違う存在」に思えても、先入観なしに向き合ってみる！ 違いを通して見えてくるのは、私たちがひそかに抱いてきた恐れや願望だったりするかも。「私たち」と「彼ら」の根底にある同じものに気づくことが、差別のない社会への一歩になるのでは？

症状にオススメの本

エミリ・ブロンテ
『嵐が丘（上）（下）』（岩波文庫）
バタイユをして「悪がそのもっとも完璧なかたちで具象化されている作品」と言わしめた、19世紀の英文学。「私はヒースクリフなの」と言いつつも、裕福で礼儀正しい男性に嫁ぐキャサリン。ヒースクリフの復讐と世代を超えた死と再生が物語の核だが、「ジプシーの捨て子」とされたヒースクリフの描写から、当時のイギリスの「ジプシー」観と人の心に生まれる「悪」について、考えさせられる。

中沢新一
『虹の理論』（新潮社）
真っ白い表紙に虹色のアクリル画。頁を開くと、オーストラリアのアボリジニの「虹の蛇」、「半音階的なもの」としての毒と虹、虹が立つと開かれた中世日本の市、バリ島の呪術……社会の境界に虹が立つ。

ヤニス・リッツォス
『括弧——リッツォス詩集』（みすず書房）
「静けさとは、いつもひざまずいているものです」。「月の光は　まだ　かたちができていないのに　あのひとを　もう　きずつけている」。第二次世界大戦前後、独裁政治や占領に抵抗し、焚書《ふんしょ》や収容所隔離を経験したギリシャの詩人の静謐《せいひつ》で哀愁あふれる言葉は、人生で希望を失いかけるとき、しんと心に響いてくる。

カルテ　№ 9

お悩み

「誰もが生きやすい社会を作るには?」

担当医

藤原辰史先生

（京都大学人文科学研究所）

専　門

歴史学

研究内容

藤原先生のご専門は、農業史と環境史。20 世紀の戦争や飢餓の教訓を踏まえ、穏和な先生があえてシャープな視線で切りこむのは、現代社会のさまざまな問題です。「食」を通した人の縁の可能性にも迫ります！

？歴史学者でありながら、世の中に意見を発信しているのはどうしてですか？

二〇一一年の三月一一日以降、「社会的な提案や批判は政府や国会だけに任せていてはダメで、アカデミアの視点からももっと積極的に発言していかないとまずい」と思い知らされました。ただし私は歴史学者として、「歴史調査で知り得たことからしか発言しない」という、ある種の「縛り」のようなものを自分のなかにもっています。

コロナ禍が始まってすぐの二〇二〇年四月、ウェブサイト「B面の岩波新書」に「パンデミックを生きる指針」を載せました。「パンデミックを生きる指針」は論文ではなくエッセイですが、あれもほとんど知らなかったことを三週間で調査し、できる限り歴史の視点から言えることだけを発表しました。ある意味ものすごくリスキーな発信でしたが、全国からたくさんの反応をいただき驚きました。

学問というのは、自由に発想して発言できる土台があってこそ成り立つものです。その土台を守るために、学者として、一市民として、できる限り発言するようにしています。一筋縄ではいかない、価値基準が難しい世界のなかで意思表示をすることは、やはり「決断」だと言えると思うのです。

有効成分

歴史にあえて向きあい、「人間」を理解しようとする姿勢

先生はドイツの歴史研究をしていますね。資料を読み解くだけでなく、実地調査をされることもあると思うのですが、現地で印象に残っていることはありますか？

ドイツのハーメルンという、木組みの家々が美しい小さな街で調査をしたことがあります。あまり知られていないのですが、ハーメルン近郊の村では一九三三年から一九三七年まで、毎年秋にナチスの国家イベント「収穫感謝祭」が開かれていました。ナチスは自給自足のために農業を大事にするとアピールしていて、その感謝祭には多いときで一二〇万人ほどの人びとが集まったと言われています。ヒトラーが演説をしたり軍事演習をしたり、あるいは民衆が民族衣装を着て踊ったり数万人単位の合唱をしたりしていたそうです。

私は現地の郷土史家の方に案内してもらい、実際の場所へと降り立ちました。そこは山の斜面を削ってできたような広場で、中央にはヒトラーが歩いて演説したという「総統が歩く道」と呼ばれる部分が残っていました。本当にただの牧場のように見える広場なのですが、その

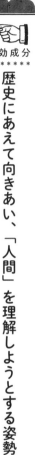

「総統が歩く道」を歩いてみると、驚くことに、広場全体がものすごく狭く感じられたんです。「一二〇万人なんて、とても入れない」と思いました。狭く感じるのは、両脇に土を盛って少し高く設計されているからで、その構造によって人びとがみなヒトラーの姿を見られるようになっていたんですね。収穫祭のときは広場のまわりがナチスの旗で埋め尽くされて、夕暮れ時になってヒトラーが現れると、サーチライトが照らされ、光のドームができます。

それについては、資料や写真を山ほど調べて理解したつもりになっていたのですが、いざその場に立つと急に、七五年前の収穫感謝祭の瞬間に引き戻されたような気分になって、ハッとしました。風景の眺めや空気のにおいから、文章を読むだけではわからない、感覚的な何かを理解できたんですね。自分が今まさに歴史的な場所に立っているという感動に包まれて、その場で歴史に想いを馳《は》せていました。じつはそこを歩いている最中に、噛まれると死ぬこともあるとテレビで報じられていたダニに噛まれてしまったことに気づいたのですが、それすらもどうでもよく感じてしまうほど（笑）、深い感動でした。

？現地の方は、地元の歴史についてどう解釈しているのでしょうか？

現地で案内してくださった郷土史家の方は「ナチスの重要なイベントの一つだった収穫感謝祭についてもっと広く知ってもらうために、ここに博物館を作る動きが歴史家のあいだにあ

る」とおっしゃっていました。けれど、住民の方は「自分たちが今生きている場所と、忌まわしい過去とを結びつけることになる」と反対しています。

このような対立に答えはありませんが、実際、私たちが生きている現在に起こっているさまざまな現象には、常に歴史的背景が複雑にからんでいるんです。その歴史的背景は幸せなものだけではなくて、なかには、どうしようもなく捻《ねじ》れて、今を生きる人びとの心を突き刺すような、辛いものもあります。収穫感謝祭もたしかに、生活者にとっては「見たくない過去」ですが、「見たくないけど、見なくちゃいけない」と葛藤しながらでも向きあって、歴史の悲劇を二度と繰り返さないようにする、そんな覚悟をともなった姿勢が必要だと思うんです。今、歴史の解釈をめぐって国同士の争いも絶えませんが、歴史の事実を知り、向きあうことで初めて、一筋縄ではいかない人間という存在の理解に一歩近づくことができるのだと思います。

私は食の研究もしていますが、そのようなわだかまりがある人間同士の「緊張緩和」の役割を果たすのが、食なのだと思います。どんな相手とでも、ご飯を食べることによって、少なくともその場に一緒にいられるんですよね。あるいは、「同じ釜の飯を食べる」ことで、お互いの率直な思いを打ち明けやすくなるかもしれませんね。

有効成分

＊＊＊＊＊＊＊

人とつながるきっかけ「〃面倒くさい〃食」

先生は、ご飯を一緒に食べる場として、「子ども食堂」や「大人食堂」の活動も推進していますね。

子ども食堂や大人食堂は、すべての来訪者に無料で温かい食事を提供することで、社会からこぼれ落ちてしまっている人を救う場所として機能します。コロナ禍だからこそ、そのような場所で誰かと一緒にご飯を食べるということが、人間にとって大事だと思いますね。

今回のコロナ禍で、これまで人権的に抑圧されてきた人びとはさらに抑圧されてしまいました。「ステイ・ホーム（STAY HOME）」と言われていましたが、働く現場が遠くにある人や、そもそも家をもっていない人など、「家にいる」ことが叶わなかった人も大勢いるわけです。たとえば、シングルマザーの方も働きに行かなくてはならない。しかも子どもは学校が休みなので、仕事を辞めて、生活保護を受けて子どもの面倒をみるということになる。あるいは仕事を辞めようとしなくても、真っ先にクビになってしまう。こんなふうにこれまで人権を制限されてきた人びとが、より抑圧されるようになったんです。

基本的人権が危うい時代は、「誰でもどうぞ」という形で誰にでも開かれている子ども食堂や大人食堂は、大きな救いになると思いますし、社会の矛盾が凝縮しているだけに社会変革の拠点になると思います。

そもそも基本的人権が抑圧されるようになってしまった歴史的背景は、どのようなものなのでしょうか？

まず一つは、第二次世界大戦時に築き上げられた「総力戦」の空気を戦後も引きずってしまったことですね。日本は一九六〇年代以降に大きな経済成長を成し遂げましたが、そのときのサラリーマン文化は、上司が言うことはたとえ間違っていても信じなくてはならないという「個よりも企業」でした。日本人は、パワハラであっても「自分を鍛えるため」とか「組織がスムーズに動くためにはしょうがない」と自分に言い聞かせて勝手に合理化してしまう、そんな能力に長けているんです。それがおそらく、日本で基本的人権に対する理解が進まなかった原因だと、私は思っています。

二つ目の原因は、戦後すぐにＧＨＱが日本を占領したこととつながっています。ＧＨＱは「基本的人権」にもとづいた民主主義を導入しましたね。日本はそこでようやく、民主国家の道を歩もうとしたんですが、その瞬間に冷戦が始まってしまった。そのときアメリカは、日本が共産主義陣営に加わらないようにと、共産主義者を公職から追放したり、検閲を強行したりしました。戦後すぐに民主的なことを教えてくれたはずのアメリカが、結局そういう非民主的なことをしてしまったと。

三つ目の原因は、一九七〇年代末から、イギリスのマーガレット・サッチャー首相による「サッチャリズム」、すなわち新自由主義《ネオリベラリズム》が、日本を含めた西側諸国で受け入れられたことです。労働組合はできるだけ解散させることや、企業のなかでの労使間の争いはやめて経済的に、かつ合理的に解決することを、何よりも大事にしようとしました。さらに、国営企業も民営化しましたね。そうすることで、福祉費を削って、経済合理化のためにスピーディに動ける「小さい国家」をめざしたんです。

？ 新自由主義が広く受け入れられてしまったことで、拍車がかかったのですね。

そうですね。一九七〇年代というのはちょうどオイルショックが起こって、日本のように資源をもたない国が大騒ぎになった頃です。それにともなって、「国に依存せず、もっと企業が自分たちで動きやすくなるようなしくみを作らなくては」という意識が出てきました。そんななかで、新しい経済構造の一つである新自由主義が広く受け入れられたのですね。

時代は前後しますが、一九七一年には、「ニクソンショック」が起こり、それ以降、経済のグローバル化が進んでいました。資本主義を率いてきたアメリカは、ヴェトナム戦争で財政赤

字に陥り、ドルは世界の基軸通貨ではなくなってしまった。そうして、戦後の国際経済を支えていたブレトン・ウッズ体制が崩壊します。そんな危機の余韻のなかで、各国はそれまでの社会民主主義的な志向を修正しはじめました。代わりに日本の中曽根康弘やアメリカのレーガンが採用したのが新自由主義的な政策です。今の時代は、その傾向がさらに強まっていますね。

新自由主義は、労働者の選択肢を増やすと見せかけて、労働者の賃金を値切る方策を見出します。その一つが「雇用契約」。企業は一年契約の非正規労働者を増やし、その人たちの毎年の成果を見て、都合よく賃金を決めました。そうすることで、労働者に対するケアを削減したんですね。

日本の非都市圏にも、新自由主義的な政策の影響は及んでいます。明治大学の小田切徳美先生の『農山村は消滅しない』(岩波新書)にも書かれていますが、政策サイドは「将来的に滅びそうな地域」と「将来的に発展しそうな地域」を区わけして、「将来的に滅びそうな地域」を切り捨て、「将来的に発展しそうな地域」に都市機能を集約させました。これが市町村合併やコンパクトシティの誕生の背景にある思想です。

こうして、政府や企業といった大きな組織が効率を求めて合理化を突き詰めることで、今のように人権が重視されない、「自分のことは自分で責任をもつ」という国の風潮につながってしまったのではないかと思います。

？新自由主義的な自己責任論は、医療現場でも、たとえば生活習慣病などに関して「食べすぎや運動不足など、自分で自分の健康を守れなかったから病気になったのだ」というような形でよく耳にします。

食の文脈において、「健康」という言葉はもっと注意して扱うべきだと思います。ナチスは健康主義に取り憑かれていて、たとえば「健全な人種であるアーリア人が、胃がんで死んでしまうのはダメだから」と、人びとに対して菜食や魚食、ハーブティーなどを勧めました。歴史のそこだけ切り取るとよいことに聞こえますが、完全に優生思想ですよね。

最近はダイエットブームですが、それは「社会的にモテる痩身の女性」というイメージを消費しているにすぎません。本来は、「美しさ」のイメージは多様であるはずなのに、痩身で画一化されているのが問題だと思います。また、野菜をミキサーですり潰すような「健康」とされているドロドロレシピも、「胃の負担を軽くしよう」「生の領域をカットしてより文化的な生活を送ろう」「食事にかかる時間を短くしよう」という発想から生み出されたものですが、それは一九世紀のアメリカ家政学が犯した間違いだと思います。噛まずに飲むだけだったら、ガソリンと同じで、ただの「補給」ですよね。

最近は家庭科や家政学のなかで、栄養の計算にもとづく知識が強すぎるように感じます。けれど私たちはロボットではないんですから、どうやって食べることが楽しいのかを考えるほうが先です。そして食事の楽しみというのは、人間にとって「面倒くさい」と思うようなことだと思うんです。時間がかかっていい。食事から面倒を排除しようという考えによって、食の楽しみや噛みごたえを感じる楽しみがなくなり、食事時間が短くなり、人としゃべらなくなるという悪循環です。食べ物がもつゴツゴツ感やざらざら感、それが人間にひっかかるからこそ、「食べ物」なのに。噛むことは、人間が人間であることの一つの砦です。

子ども食堂や大人食堂に、今後どのような未来があると思われますか？

コロナ禍だからこそ、社会からこぼれ落ちた人びとを救うのと同時に、子どもたちに「ジョーキング・リレーションシップ」を提供する場として、広がっていけばいいなと思っています。「ジョーキング・リレーションシップ」とは、家族ではない、ちょっかいをかけてくる大人と子どもとの関係性のことです。親と子どもだと、抜き差しならないというか、冗談にならない関係じゃないですか。そうじゃなくて、なぜだかいつもかまってくれて、冗談を言いながら一緒に遊んでくれる。そんな大人との関係が、子どもの成長には非常に大事だと思うんです。食べることを通してその構築がなされているのが、子ども食堂や大人食堂です。コロナ禍の初期に議論が盛り上がったベーシックインカムの考え方よりも、よっぽど人間的だと思います。

食と人間性というテーマで思い出す人がいます。鳥取で「野の花診療所」というホスピスを開いている、医師の徳永進さんという方です。飄々《ひょうひょう》とした先生で、ステージⅣのがん患者さんと和気藹々《あいあい》と時間を過ごしています。診療所なのに、充実した図書室も、一人で自分を見つめられる部屋（瞑想室）もあります。さらに重要だと思ったのは、一階にはキッチンがあって、近所のおばさんたちが患者さんのためにとても美味しいお弁当を作っていることです。そんなふうに、読書や食を通して人が尊厳を保つ場所を作るのも素敵ですよね。

処方箋　№ 9

歴史に向きあい、今起きている問題の背景まで理解しようとする。そして、その問題によって被害を受けているすべての人の立場に配慮する！「誰でもどうぞ」と隔てなく手を差し伸べて、つながろうとする姿勢が大事！その手段の一つが、「食」なのかも。

症状にオススメの本

ウェイド・デイヴィス
『**沈黙の山嶺**——第一次世界大戦とマロリーのエヴェレスト（上）（下）』（白水社）
読み出したら止まらない。第一次世界大戦で九死に一生を得た人びとが、今度はエヴェレスト登頂に挑戦する。主人公のマロリーが、その仲間たちとともに、エヴェレストの広大な自然のなかに見たものは何か。

岡真理
『**ガザに地下鉄が走る日**』（みすず書房）
完全封鎖から10年以上経ったパレスチナのガザ地区。あのナチスの悲劇の被害者であるはずのユダヤ人国家がもたらす恐るべき暴力。ここで生きることの真の困難さと輝かしさをすぐれた散文で伝える。

川北稔
『**世界システム論講義**——ヨーロッパと近代世界』（ちくま学芸文庫）
近代世界を一つの巨大な生き物として捉えることによって、ヨーロッパがいかに地球全体の支配を貫徹していったのかについての経済的考察。その提唱者であるウォーラステインの見通しの良い議論は、混迷の現代社会を知るためにも役立つ。

クリント・スミス
『場所からたどるアメリカと奴隷制の歴史——米国史の真実をめぐるダークツーリズム』（原書房）
黒人の詩人が、アメリカに存在する奴隷をめぐる記憶の場所に訪れ、なぜ今も、奴隷を強制された人びとの末裔《まつえい》への差別が続くのかを明らかにする。文章が美しく、その美しさが歴史の暗さをより暗く表現している。

スヴェトラーナ・アレクシエーヴィチ
『戦争は女の顔をしていない』（岩波現代文庫）
第二次世界大戦期の独ソ戦で、ドイツ軍と戦った女性兵士たちの苦しみと喜び、そして絶望を聞き取った作品。女性たちが戦場で銃を持ち、人を殺せるほどまで憎悪を蓄積していく過程を読むと、私も痛みをともなう。

森崎和江
『からゆきさん——異国に売られた少女たち』（朝日文庫）
かつて天草からアジア諸国に売られていった「からゆきさん」と呼ばれる女性たちがいた。森崎が聞き書きする一人ひとりの女性の、哀しみと苦しみと誇り。女性史が世界史であることを気づかせてくれる。

山崎佳代子
『パンと野いちご』（勁草書房）
NATO による空襲下のベオグラード。経済封鎖が輪をかけて人々を飢えさせる。食べ物の記憶から、時代を丹念に紐解く著者の誠実さに心震える。

藤原先生の研究室には、四方の壁に本がずらり。そのなかで先生とお話ししていると、人間の命の重みをともなった歴史の温度がじんわりと伝わってくるように感じられます。

カルテ

№ 10

お悩み

「がんばりすぎない社会を作るには？」

担当医

松嶋健先生

（広島大学大学院人間社会科学研究科）

専　門

文化人類学

研究内容

松嶋先生はイタリアにて、地域で取り組む精神疾患のケアを研究してこられました。歴史や社会の動きから、現代人が陥っている「心の病い」の根源を考察される先生！ 現実に向きあったうえで、悲観せずに前に進む方法とは……!?

先生はどうしてイタリアで調査をするようになったのでしょうか？

大学の学部生時代に世界中を旅して歩きましたが、なかでも東欧と南欧が、知っていると思っていたヨーロッパとはまるで違う世界で、謎だと感じました。西洋近代であると同時に呪術も憑依も聖人崇敬もある不思議な世界に、魅了されましたね。

そのあと博士課程でのフィールドを決めるときに、かつてイタリアで食べたチーズの味を思い出しました。単なる美味しさにとどまらない「底知れない奥行き」を感じたことが、ずっと胸に残っていたのです。「ああいうものを食べている人たちは、その人生にも奥行きがあるはず。それを自分のからだで感じたい」と思いました。もちろん、食べ物だけでフィールドを選んだわけじゃないですけどね（笑）。

イタリアで暮らすようになると、お金がなくてトマトソースのパスタばかり食べていましたが、シンプルな料理だからこそ、茹《ゆ》で加減や塩加減のちょっとした違いや、温度や湿度によって味が微妙に変わることを楽しめるようになりました。イタリアの人たちは大都市を除くと外食は頻繁にはせず、レストランも中華かインド料理、たまに和食の店があるくらい、学校給食もなく、職場も家に近いことがふつうなので、昼食も含め基本的に家で食事をします。そして人びとは「やっぱりウチの料理が一番」と胸を張ります。

それについて最初私は「井の中の蛙」じゃないかと思っていたのですが、自分がトマトソースのパスタばかり毎日食べるなかで腑《ふ》に落ちることがありました。それは、生きるうえで大事なのは、「選択肢が多いこと」よりも「限られたもののなかに無限の差異を知覚できること」ではないか、ということです。料理も生活もシンプルなほうが、微細な差異による無限の奥行きを感じることができ、生きている実感も湧いてくるのではという気がします。

有効成分

「正しく絶望」し、大きなものをあてにしないで生きる方法

先生がしていらっしゃる精神医療の研究について、詳しく教えてください。

最初は聖人崇敬のことを研究していました。イタリアは一神教の国ということになっていますが、たくさんの聖人がいて実質的には多神教のようなところがあります。さまざまな聖人のことを調べていくと、彼ら彼女らはたしかに人間ではあるのだけれど、人間の枠をはみ出して生きてきた特異な存在だということが見えてきました。いわば聖人はある種の狂気を体現しているのです。

「狂気」というものは、時代や地域によって異なるまなざしのもとに置かれます。宗教的にプ

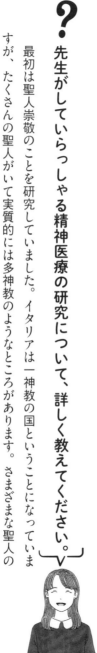

ラスの意味づけをされることもあれば、近代以降には医学の文脈に置かれて、精神疾患としてマイナスの価値づけをされることもあります。しかし、ある視角からは「病気」に見えたとしても、それは症状として表出されているものの奥にある文化的、歴史的、社会的、個人的なもののからみあいをとらえられていないがため、ということがよくあります。

特に、社会が急速に変化しているような状況では、それ以前の慣習や価値観が断片化された形で症状の一部を構成するようなケースも多く、それを普遍主義的な医学のまなざしで「診断基準」のなかに押しこめようとすることには無理があります。たとえば山に失踪する人のような場合、もともとの日本の農村生活における山との関係性をふまえる必要がありますし、イタリアで「自分はキリストである」というような「妄想」が生じる場合には、伝統世界における病気と聖人の関係を理解する必要があるわけです。

カトリックの伝統において、聖人は病気を治す力をもっています。興味深いのは、聖人が病気を治すことができるのは、そもそも聖人が病気を引き起こす力を有しているからだという論理です。ということは、たとえ病気が治らなかったとしても、病気になったということ自体に「聖人が触れたしるし」としての祝福が含意されているわけです。近代医学的な発想では、基本的に病気は悪いもの、排除すべきものと考えがちですが、「生きている」というプロセスから考えると、「病む」ことには「生きもの」にとっての深い意味があります。精神科医の木村敏さんもよく言っておられたように、病気というものを生命の全体性のなかでとらえる必要があると思います。

それは必ずしも、過去になした行いに対する報いといったような因果応報の次元での「意味」ではありません。宗教的であれ科学的であれ、単純な因果関係で説明し介入しようとするのではなく、ある症状の現れの奥に、身体と社会と自然を含めた複雑なからまりあいを見るという認識が大切です。

「人間が見えるもの」「人間がコントロールできるもの」は、こうしたからまりあいのごく一部にすぎません。にもかかわらず、病気の症状とそこに想定された原因だけに焦点を当てることで、複雑なからまりあいが見えなくなってしまい、見える範囲でコントロールしようとすることで、ますます事態をややこしくしてしまうわけです。こうした「コントロールしようとすること」そのものが大きな意味での病気、特に近代の病いなのだろうと思います。イタリアの精神保健の現場では「全能妄想」という名で呼ばれていました。毎日世界で起こる悪い出来事はすべて自分のせいだと思っている患者だけではなく、それを治そうとする医療者の側にも全能妄想がつきまとっているのです。

? それは現代に特徴的なことなのでしょうか？

近代から続いている人間中心主義、科学技術主義において、こうした「全能妄想」は、（神

ではなく）「人間に対する信仰」という形で現れてきました。その結果が、現在の自然環境から社会環境、精神環境にまでわたる大規模な危機です。二一世紀に入って提唱されるようになった「人新世」という、ある意味で驕慢《きょうまん》な呼称は、「人間が作り出したのだから人間が解決できるのだ」ということを意味してはいません。「全能妄想」に突き動かされた人間が、コントロール可能だと考えて限られた範囲で行なったことの影響が、考慮の外にあったはずのからみあいを介してあらゆる場所や生物に影響を与えているのです。それはまるで、ウォルト・ディズニーが作った『ファンタジア』のなかの「魔法使いの弟子」のように、魔法を覚えはしたもののそれを解くための呪文を知らないので、自分が作り出した魔法によって建物中に水があふれ出し、自分も溺れてしまう、そういう世界に私たちは生きていると言えるでしょう。

自分たちで始動してしまった巨大なマシーンですが、もはや自身で止めることはできない状況になっています。逆に言うと、「自分たちでなんとかできるはずだ」と考えているうちはダメなんじゃないでしょうか。この巨大なマシーンの作動を否認しつづけながら「まだなんとかなる。世界は変えられる！」という見せかけの希望にすがるのは結局、マシーンが作動しつづけることに寄与してしまう。そういう意味では、まだ絶望が足りないのだと思います。かつて高度成長の絶頂期に、詩人の金子光晴はすでにこう記していました。「知らないうちにもっと大きな落とし穴に落ちこまないようにしなくてはならない。いまこそ、絶望のありかを、すみずみまでしらべて、知っておく必要がある時なのだ」（『絶望の精神史』講談社文芸文庫）。

ここでの「絶望」というのは「あきらめて何もしない」ということではなく、「何もあてにしない」という態度です。国や会社、お金などをあてにしない。全否定する必要はないのですが、全面的に頼りもしない。金子のように、高度成長期の真っ只なかでそこまで透徹した認識をもっていた人は限られていたかもしれません。しかし今では冷静に現実を見れば、事態はますますあからさまになってきていると思います。

初任給は三〇年前とほぼ変わらず、実質賃金が下がりつづけているなかで、いまだに高度成長期とさほど変わらないノリで教育や就職活動を続けているというのは、まさに集団的な現実否認と言えるでしょう。授業を聞けなくなったり不登校になったりする子どもたちは、この矛盾に直感的に気づいているという点で、ある意味まともな反応をしていると言えます。それは個人の病理として扱われるべきものではなく、生きものとしての危機への反応ととらえるべきです。

一九六〇年代から一九七〇年代にかけて、イタリアで精神医療にかかわる人たちがこうしたことに気づいていきます。そして、個々人の「統合失調症」や「うつ病」として治療するのではなく、個別的かつ集合的な「生の危機」としてとらえ、サポートできるようなしくみを作ってきたのです。一九七八年のバザーリア法で全土の精神病院が閉鎖されたのは、「精神病院が治療のために適切な場所ではないから」という理由だけにとどまらず、そもそも個人のなかに病気の原因を見出し、それを治療するという医学的な前提自体に問題があると考えたからです。

実際、精神病院を出て、地域で共同生活を始めたり責任ある仕事を任されたりすることで、それまで病気の症状だと思われていたものが消え去ったり軽減したりした人が驚くほど多かった。「地域での精神医療」ではなく「地域精神保健」と呼ばれる背景には、このような考え方があるのです。

そうした経験を通じて、改革を主導した精神科医のフランコ・バザーリアたちは、精神医学が社会において担っている機能に気づいていきます。本来は労働や教育などのしくみ自体を変えるべきところを、問題の原因を「個人の心」に帰属させることで、本人の苦しみを増幅させ、さらには現代社会の真の問題から目を背けさせる、という機能を担ってしまっているわけです。

難しいのは、だからといって臨床実践を放棄すればよいという話にはならない点です。現状では、生の危機にある人びとの多くが捨て置かれており、その一部が精神医療や心理治療以外に行き先を見つけられない以上、緊急避難的な対処は必要です。ただ、バザーリアが「医師でありながら、医師であることを否定しなければならない」と一見矛盾するような言い方をしていたように、「精神医学」や「心理学」に課せられた社会管理の機能をできるかぎり拒否しながら、同時に「精神医学」や「心理学」の知を社会システムや社会空間の再編成に用いるという両面作戦が必要なのです。

有効成分

「生きている自然の一部」としての自覚

？なぜイタリアでは精神医療改革がうまくいったのでしょうか？

まず、イタリアの精神医療改革が「うまくいった」と言えるかどうかはわかりません。何をもって「うまくいった」とするかにもよりますが、州によって改革の進展の度合いには大きな差がありますし、「うまくいっている」とされる地域でも常に問題だらけです。最近では、バザーリア法をなくして再び精神病院を作ろうという動きもあります。それでも曲がりなりにも改革が進んできたのは、精神医療改革というものが、単に医療の一領域における問題なのではなく、より大きな、近代とか国家とか資本主義の問題の尖鋭《せんえい》的な一部であることを自覚し、発信し、共闘しえたからだと思います。

なかでも特筆すべきなのは、「地域」をめぐる方向転換です。「地域精神保健」の「地域」とは、イタリア語でテリトーリオ（territorio）と言いますが、これは日本語での「地域」とは意味合いも思想的背景もまったく異なっています。一九七〇年代以降、イタリアでは地方分権が

大幅に進み、さらに一九八〇年代以降には、都市の外側に広がる農村を含む文化、歴史、景観、共同性などのすべてを意味するテリトーリオが重視されるようになりました。精神病院を閉鎖して、地域精神保健を行なうときにカギとなるのは、地域の「厚み」、つまり地域がいかに耕されているかということです。テリトーリオ（「土（terra）」という語に由来する）の土壌に地力がなければ、施設の外に出て暮らすことはとても困難な事業になります。

イタリアに暮らしているときに感じたのは、あまり将来のことを心配せずに、毎日を機嫌よく暮らすことが本当にできるのだなあ、ということです。二〇〇二年にユーロの流通が始まるまでは特にそうでした。地方の中小都市での生活のレベルが、食べ物にしても景観にしても、人間関係においてもアートやスポーツにおいても、とても満足度が高いのです。たしかに最高レベルのものについては大都市に行く必要があるのかもしれませんが、そういうものは日常的に必要なわけではないし、しかもそのレベルのものは人を観客の位置にとどめ、自分もやってみようという気をしばしばそいでしまいます。

日常的な生活の範囲で、適度な距離感で、生活における基本的なものから美的、知的なものまで充実していると、そこに根づいて子育てをし、日々の生活を楽しみながら、そこで歳をとって死にたいと自ずと感じるようになるでしょう。そうしたテリトーリオに対する愛着があることで人は、自分が死んだあとのことまでをも考えながら行為するようになるのだと思います。このようなテリトーリオが奪われた状態で生きざるをえないことが、地域の場所性と時間性のなかにあったはずの生を個人の生として切り離し、容易に移転可能なものとし、人を病ませることになる、大きな要因ではないでしょうか。

？「将来のことを心配しなくていい」とは、どういった意味でしょうか？

まず、現代の資本主義のはじまりは、一二世紀から一三世紀にかけてのイタリアにあると言われています。そして、東方貿易にたずさわったヴェネツィアをはじめとする都市国家は、近代国家の祖型でもあるわけです。貿易による空間的差異から富を生み出すしくみを支えたのが、現在と将来の貨幣価値の差異である「利息」です。「資本」とは「利息のつくお金」にほかならず、利子率がその指標となります。資本主義はこの高い利子率をもとに、「未来のよりよい生のために現在を犠牲にする（我慢する）」という生き方を浸透させます。マックス・ヴェーバーが指摘した、世俗化された「資本主義の精神」です。

ところが、イタリアのジェノヴァでは早くも一七世紀初頭には、金利が一％強にまで下がっています。それはすなわち、それまでの商人資本主義のやり方では十分に利益をあげられなくなったことを意味し、だからこそ今度は産業革命によって、空間的差異に技術的差異をかけあわせることで高い利潤率と利子率を達成することになるわけです。しかしそれは化石燃料をはじめとする、いわば「自然の仕事」の産物をタダ同然で利用することに依存しています。こう

した資源をめぐって戦争が繰り返されてきましたし、「環境問題などと言っているうちに他国に先を越されるよりは……」という論理で、自然環境の搾取と破壊は止めることができない現状が続いています。

しかし金利がゼロに近づくということは、根本的なシステムの変更を要請するだけでなく、「今我慢して貯金や投資をしてもあまり意味がない」ことも意味しています。超低金利を一七世紀初頭に経験したイタリアでは、一方では産業資本主義、国家資本主義に向かっていきますが、それと並行する形で、「将来のことを思いわずらう必要のないしくみ」、いわば「ポスト資本主義」的なしくみを、四〇〇年かけて少しずつ築いてきたのではないかと私は考えています。株式会社に代わる協同組合のような実践や、近年のテリトーリオの見直しも、そうした長期的な視座のもとで見るべきだと思います。

日本は歴史上はじめてゼロ金利になった国です。そのゼロ金利が実質的に四半世紀も続いているわけで、本来ならポスト資本主義的なしくみの構築にシフトすべき絶好の機会です。一部でそうした動きが起こっているのは間違いありませんが、まだ散発的であり、全般的な状況は完全に逆行しています。日本では、将来の生活、特に老後の生活が不安なので、どうしても稼いだお金を銀行などに貯蓄することになります。しかし多くの場合、そうした貯蓄の大部分は生きている間に使われることなく相続されるか、外国債を通じて海外に流出することになります。日本国民全体がそのような構造のもとに置かれているわけです。

人類学者のデヴィッド・グレーバーは『負債論』（以文社）という著作のなかで、人類の歴史における負債を跡づけながら、賃金労働者という存在が奴隷の現代的形態であることを示しました。ただ、奴隷は少なくとも主人には大事にされることがふつうだったのに対して、現代の賃金労働者は多くの場合、代替可能な労働力にすぎないがゆえに、使い捨てられるか、AIなどに取って代わられることになります。そのような状況下で調子を崩すのはある意味あたりまえの反応であって、そこで問題を「精神医学化」したり「心理学化」したりすることが、いかに構造的な問題から目をそらすためのしかけになっているか、よくわかると思います。

私たちにとって火急の問題は、国や会社やお金をあてにする代わりに、生きていくうえで本当に必要なものを見つけ、真にあてにできるしくみを、時間をかけて育てていくことではないでしょうか。最初私は、イタリアの地方都市の暮らしやすさは、単純に伝統的なものだと思っていたのですが、現地に住んで調査をしていくうちに、どうもそれはある時期から自覚的に、ポスト産業資本主義的なライフスタイルとして再構築されてきたものではないか、と考えるようになりました。

？ 最後に人類学者である先生の視点から、現代を生きる日本人へのメッセージをお願いします。

人間にはもはや、今作動しているこの巨大なマシーン（無限列車）を止めることはできない

ように思います。ただ、人間にできることもあります。それは「何かをする」ことではなく、「何かをしない」ことです。「何」をしないかは、人によって違うでしょう。大事なのは、しなくていいと感じるものは、できるだけしないでおくことが結果的に大きな影響をもたらします。

ただし、「何もしない」というのは人間社会における見方で、とりわけ生産性の観点から「何もしていない」ように見えるだけです。本当は、人は生きているだけで実に多くのことをなしているのです。それは、自然が多くのことをなしているのと同じようにです。

私たちが近代の病いから癒えるためには、人間の知や営為を「モノ」としての自然に対して行使してきたこれまでのやり方を変え、自分の生を自然の営みのなかに位置づけ直すことが、どうしても不可欠です。人間だけが主体で自然が客体なのではなく、自然が生きているからこそ人間も生きているのだという徹底した自覚が、これからの時代の科学や社会の基盤となるでしょう。

そのために何よりも必要なのが、センス・オブ・ワンダーです。この世界では信じられないほどさまざまな生きものが、さまざまな生き方を奏でているということ、その交響のなかに自分もまた生きているということ、それが全身を震わすような大不思議であると驚嘆しうる感覚です。哲学も科学も、この驚きから誕生しました。もしそれを感じられなくなっているのだったら、携帯を手放し、テレビもコンピュータも消し、何もしないで、毎日自分の身のまわりを、できれば生きものを、観察してみることです。たとえ都会の真ん中に住んでいたとしても、空や風や鳥や木々の声が聴こえてくるに違いありません。それらがなしていることを信じるところからしか、真に意味あるものは生まれないと思います。

処方箋 №10

いくら技術が進歩しても、私たちは多様な自然の一部として生きている！　コントロールできる範囲って、ごくわずか。それなら、無理して「何かをしよう」と足掻《あが》かないほうがよさそう。ただ生きているだけでも、自然のなかでは万々歳！

症状にオススメの本

金子光晴

『絶望の精神史』（講談社文芸文庫）

明治以来の近代化のなかで絶望した身近な人びとの姿を通して、「遠い可能性への情熱にあざむかれて、今ある価値が無惨に壊されてゆく痛ましさと、取返しのつかなさ」を抉《えぐ》り出すエトランゼ詩人の私的近代史。

デヴィッド・グレーバー

『ブルシット・ジョブ――クソどうでもいい仕事の理論』（岩波書店）

今の世界には、なくていいモノがあふれ、それとともに無意味な仕事があふれている。生活するためと、そのことに気づかないふりをしながら労働し対価を得ることが、いかに心を、そして魂を傷つけるかについて著者は見事に描き出す。

松嶋健

『プシコ　ナウティカ――イタリア精神医療の人類学』（世界思想社）

病んでいるのは、本当に「心」なのだろうか。イタリアで起こった革命は、私たちが陥っている近代の病いから、いかにすれば回復しうるかについての実験の航跡である。

レイチェル・カーソン

『センス・オブ・ワンダー』（新潮文庫）

1歳8ヶ月の甥と海辺を、森を探検する。それは感覚の回路を開くエクササイズにほかならない。センス・オブ・ワンダーは、自然から切り離し、人工的なものに依存させるシステムに対する、「かわらぬ解毒剤」なのだ。

カルテ　№ 11

お悩み

「日本を元気にするには?」

担当医

広井良典先生

（京都大学人と社会の未来研究院）

専　門

公共政策学

研究内容

広井先生のご専門は、福祉や社会保障、地域再生など。「私は理屈っぽくて……」と言いつつ披露してくださる理論は、明快そのものです。地域と国全体の両方をとらえ、未来の日本がさらに元気になる可能性を探ります！

？先生がまちづくりの研究をするようになったのはどうしてですか？

僕は広井という名前のとおり「広く浅く」いろいろな分野の研究を行なってきました。東京大学の大学院を出たのちに、厚生省（現厚生労働省）で一〇年間働いて、医療や福祉、社会保障など日本全体の制度を考えていました。そのあと、一九八〇年代の終わりの二年間はアメリカのマサチューセッツ工科大学の大学院に留学していたんですが、当時アメリカでは、どこに行っても巨大なショッピングモールがありました。僕はそこで初めて「モール」という言葉を聞きましたね。

そのうち、一九九〇年代になって日本に帰ると、東北地方から始まって日本中にどんどん大型ショッピングモールができはじめていたんです。それにともなって、日本各地の商店街は一九九〇年代から衰退し、シャッター通りになりました。僕の実家は岡山の商店街にあり、それが原風景でもあったので、このような社会の変化はやはり寂しかったですが、これも時代の必然の流れで仕方ないことなのかなとも思っていました。

ところが驚いたことに、仕事や旅行でヨーロッパに行ってみると、どこの国でも商店街や地方都市が賑《にぎ》わっているんですね。ではアメリカ、日本とヨーロッパのこの差は、一体何なのだろうかと。つまり、商店街や都市、地域のあり方というのは一つの定まった姿や方向があるのではなくて、それぞれの国の政策や制度、社会の構造によってまったく違ったものになるわけ

です。こうした流れでまちづくりや地域再生に興味をもつようになり、国全体の制度に加えてローカルな地域に関するテーマへ研究対象を広げていくことになりました。

有効成分

****

「首都」や「街」だけじゃない！　地域の魅力、再発見

先生は国のあり方として、「多極集中（核となる地方都市にある程度の人口が集まること）」を推奨しておられますね。日本の現状はどうでしょうか？

現在の日本の人口は、東京への一極集中ですね。僕はそれを「東京甲子園説」と呼んでいます。「県大会」じゃ満足できず、全国大会で自分の力を試したいというのと同じ感覚で、若者が東京に集まる。それ自体は、必ずしも悪いことではないと思っています。けれど、ほかの国を見ていると「より大きい舞台で自分の実力を試したい」という気持ちがあるからといって一極集中になるわけではないことがわかります。

たとえばアメリカやヨーロッパの多くの国は一極集中ではないですね。それは一つには「中央集権か分権か」というところに理由があると思います。それをわかりやすく表していると思ったのが、千葉大学時代の同僚の水島治郎先生（政治学）が言っていた「イギリスに行ってロ

ンドンに行かない人、フランスに行ってパリに行かない人、日本に来て東京に行かない人はまずいないけれど、イタリアに行ってローマに行かない人、ドイツに行ってベルリンに行かない人はむしろ多い」というものです。前者は中央集権、後者は分権です。じつは大きな歴史のなかでとらえると、これは資本主義の勃興という話ともつながっていて、国家としての集権的な統合が強かったイギリスやフランスは、資本主義を先駆け、強力な国家的統一のなかで海外進出を進め、植民地支配もしてきました。一方でそのような集権的な統合がもともと弱かったのが、イタリアやドイツなどといった国で、日本はもともとはこれらの国々と同様に、比較的分権的で地域の多様性も豊かな国だったと思います。

けれど日本は幕末に、いわゆる黒船ショックを経験し、このままだと欧米列強に飲みこまれてしまうという危機感から、必死で追いつこうと突貫工事的に資本主義や工業化を推進しました。その結果、皮肉にも他国にも増して集権性が強くなってしまった。資本主義の国でも、ヨーロッパの多くの国々のように、発展がゆるやかに進めば、地方都市の豊かさや多様性を活かした地方分権的なあり方が可能になります。

日本も江戸時代にはたくさんの藩が存在していましたし、分権的で地域の多様性が強い国だったのではないでしょうか。たとえばドイツのバイエルン州の人は、自己紹介するとき「私はドイツ人です」ではなく「私はバイエルン人です」と言うといった話がありますね。司馬遼太郎なども書いていますが、江戸時代の人びとは自分について「日本人」という意識はなく、

「〇〇藩の人間だ」という意識が強かったと思います。

？私の地元の富山市は「コンパクトシティ」として有名です。このような地方都市の取り組みについて、どうお考えですか？

富山市はコンパクトシティが謳《うた》われていて、たしかに街と街をつなぐ「串と団子」の発想やＬＲＴ（ライトレールトランジット。環境にやさしく、バリアフリー化された、進化版路面電車）は素晴らしいと思います。一方、富山市は地方都市のなかでも自動車への依存度が高い都市で、それに加えて北陸新幹線開通の影響もあり、「駅なかオンリー現象」が起きているように思います。「駅なかオンリー現象」というのは私の造語ですが、ＪＲが駅なかの整備に力を注ぎ、たしかに駅の内部は賑わっているけれども、一歩外に出ると市街地の商店街は寂れてしまっているという姿です。これは富山だけでなく、すぐ思い浮かぶだけでも秋田、水戸、高崎、浜松など、全国の地方都市で同じようなところは多いですね。

ドイツなどヨーロッパの地方都市は中心部が賑わいを保ち魅力に富んでいますが、残念ながら現在の日本の地方都市は、人口二〇万人以下だとほぼ間違いなくシャッター通りになっており、三〇～五〇万人規模の都市であってもそれに近い姿がよく見られます。

ヨーロッパの生き生きとした地方都市と、日本の地方都市の違いはどのような背景から生まれたのでしょうか？

それに関しては、まず歴史的背景が大きいと思います。もとをたどると、ヨーロッパの街は中世から長い歴史がありますね。広場を中心として城壁に囲まれている都市が、一つの大きなコミュニティになっていて、そのなかで商店街や公共交通が発展してきました。これは「都市型コミュニティ」、つまり「public＝公共性」をもち、独立した多様な個人が集まるコミュニティの特徴です。一方で日本は「農村型コミュニティ」という性格が強く、「common＝共同性」があって、よい面もある半面、集団の同質性とか、べたっとした情緒的なつながりが強いんです。そこには稲作文化の影響が色濃く出ていて、「空気」とか「忖度《そんたく》」とか「以心伝心」とかを重んじる。

次に、政策的要因もあります。一九六〇年代頃はヨーロッパでも車社会が広がったんですが、一九七〇年代頃から交通事故や排気ガスに関する問題が社会的なテーマになっていくとともに、「長い時間をかけて培ってきた都市のコミュニティを壊してしまう。これではまずい」という危機感が共有されていきました。そこで、都市の中心部への自動車の流入を規制し、さらに歩行者中心の「コミュニティ空間」を作っていこうという動きが進んでいったんです。具体的な政策としては、郊外の大型ショッピングモールを規制したり、ＬＲＴを作ったりしています。先駆的な例として有名なのはデンマークのコペンハーゲンやフランスのストラスブール、ドイツのカールスルーエなどですが、今ではどの地方都市でも中心部は歩行者だけの空間になっています。そういった意味では、ヨーロッパの状況も時代の変化のなかで変わっていったわけですから、日本もクルマ社会からシフトしていく希望がもてると思いますね。

期待を込めて言うと、僕は高齢化をチャンスにそうした転換を進めていければと思っています。「高齢化をチャンスに」というのは、高齢化が進んだ社会では「車で遠くのモールに買い物に行ける」という層が減り、また認知症ドライバーの問題など、過度のクルマ依存社会のマイナス面が顕著になります。こうしたなかで、今廃れてきている商店街の新しい存在価値を改めて作っていけたらいいですよね。日本は大店舗法が一九九〇年代に撤廃された結果、商店街が衰退してきたので、やはり政策の影響というのは大きいです。

さらに、公共交通の面でいうと、ヨーロッパでは「交通はみんなのもの」という発想で、税金をバスや電車に投入しています。地域が一つの単位なので、その地域では同じ切符で別の会社の電車に乗れたりもします。日本は公共交通は独立採算で、会社がみずからの収益で運営するものとして見られています。しかもその運営が会社ごとにバラバラなので、地域内での乗り換えや接続にとても不便があります。また採算がとれないバスや電車の路線は廃止されてしまいますので、郊外に住む、車を運転できないような人びとにとっての交通手段がなくなってしまうんです。

また、まちづくりの面では、日本は歴史的に、私鉄が沿線の地域開発を一体で進めてきた例が多くありますが、ＪＲは国鉄として、良くも悪くも線路を作ることが基本の仕事だったので、地域全体を考えた開発というのはミッション外でした。先ほどの「駅なかオンリー現象」の背景の一つにはこの点があると思います。けれど「公共交通機関」ですから、株主を意識するだけでなくて、地域全体やそこで生活する住民のことを考えた仕事をしていければ、日本の公共交通はもっと地域を元気にできると思いますよね。

有効成分
＊＊＊＊＊＊＊

「どの場所でもふるさとにできる」という、人の公共性

コロナ禍で、日本社会における人のつながりはどのように変化していくと思いますか？

一〇年前の東日本大震災も大ダメージで、今回もそうでしたが、僕はこれらと並び、人口減少社会の進展という中長期的な構造変化があると考えています。先ほど、日本は農村型コミュニティだと言いましたが、そうした同質的な社会からもう少し個人が独立して、自分の集団とは違う集団や他者と、集団を超えてゆるくつながっていくような関係性が広がっていくのではないかなと。

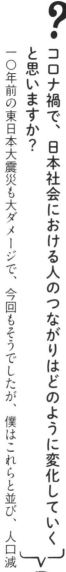

高度成長期のような人口増加の時代は、いわば人びとは「集団で一本の道を登る」ということをしてきました。山登りにたとえると、みんなで山道を登って、山頂というゴールに至ったわけです。山頂に着けば、視界は三六〇度開けますよね。したがって、そこから先はそれぞれの個人がこれまでよりも自由度の高い形で、自分の人生をデザインし、好きなことを追求していけばよいのです。人口減少も進み、人びとの価値観も変化していくなかで、コロナ禍はそうした変化を加速させるきっかけとなると思っています。

？地域の持続性のためには、やはり愛着を基盤としたつながりが大きなカギになるのでしょうか？

まさにそのとおりです。僕もそのようなテーマについて、「鎮守の森・自然エネルギーコミュニティプロジェクト」というものをここ一〇年ほど進めています。これは日本に約八万ヶ所ある神社あるいは「鎮守の森」を、自然エネルギーの整備や地域再生といった現代的な課題と結びつけ、発展させていこうというものです。

最近進展のあった事例として、埼玉県秩父市での小水力発電に関する展開を挙げてみましょう。秩父は、秩父神社の夜祭がユネスコの無形文化遺産に登録されたことにも示されるように、文化的伝統の豊かな地域です。こうした場所で、地元の有志の方々と、僕たちのプロジェクト・グループである鎮守の森コミュニティ推進協議会のメンバーが共同出資して「陽野《ひの》ふるさと電力」という会社を設立して事業を進めてきました。二〇二一年には、約一〇〇世帯の電力を供給する規模の小水力発電設備の導入に至りました。

さらにこうした取り組みに、近隣の自治体や住民の方々も関心を向けてくださるようになり、二〇二三年度からはより大きな規模の小水力発電を行なう「武甲山《ぶこうさん》未来電力」（仮称）という組織を作り、その売電収入を活用して武甲山の環境整備を行なう方向での展開が現在進行中です。

ちなみに武甲山は秩父神社の「御神体」なのですが、戦後一貫して石灰岩の採掘がなされて山の形が大きく損なわれており、地元の高校生などからも「武甲山がかわいそうだ」といった声があがっていたのです。地域の人びとが協力してエネルギーの地産地消に取り組み、それを通じて地域の人びとの心のよりどころである「鎮守の森」の保全を行なうというのはきわめて意義深いことと感じています。

？ 今後、日本の地域の未来はどうなっていくのでしょうか？

経済が進み、人口が増えつづけていた時代は、いわば時間軸上にすべてが置かれていました。地方は「遅れて」いて、東京は「進んで」いるという考え方ですね。けれど、今はモノの豊かさが実現された成熟社会となっていて、時間軸よりも空間軸が浮かび上がるような時代になってきています。つまりそれぞれの地域のもつ固有の特徴や価値、多様性が認識されていく時代

になるのかなと。

僕がイメージしているのはピラミッド型の図なのですが、一番上に「個人」があって、真ん中に「コミュニティ」があって、その下に「自然」があるんです。これまでは、このピラミッドでいうところの「個人」が強く、それが「コミュニティ」や「自然」からどんどん切り離されていたわけですが、今後はもういちどそれらとのつながりを回復していく時代になっていくと思います。そうした流れと並行して、これからは経済の単位もコミュニティのほうに向かい、ローカルなものになっていくと思います。経済学者のカール・ポランニーは「再分配を担う政府」「交換（＝市場経済）を担うマーケット」「互酬を担うコミュニティ」の三者のバランスが大事だと言いました。最近の若者が、昔よりもまちづくり、環境、医療や福祉といったローカルな分野に目を向ける傾向が強まっているのは、そういった構造変化によるものです。

そうした変化を追い風に、日本を元気にするためには、具体的にどうしたらよいのでしょうか？

先ほどの山登りの例のように、個人があまり集団の「空気」に縛られず、自分の好きなことをどんどん行なっていくことが一番大事ではないかと思います。それが創造性や経済活力にもつながると同時に、何よりその人の幸福あるいは「ウェルビーイング」となり、しかも社会の持続可能性を高めていくと思います。

処方箋 №11

「発展している都市がすごい」んじゃなくて、「どこの地域も多様性があってすごい」！ 高齢化をチャンスに変え、森や神社、商店街を通した新しいつながりも生まれつつある。多様な自然と温かい人のなかで生きるのも素敵かも！

症状にオススメの本

中根千枝
『タテ社会の人間関係——単一社会の理論』（講談社現代新書）
著者は女性初の東大教授で文化人類学者。この本は「ウチとソトの区別が強い」といった日本社会の特質を「タテ社会」をキーワードに鮮やかに分析した内容で、100万部を超えるベストセラーになった。今読んでも実に新鮮に響く。

山口周
『ビジネスの未来——エコノミーにヒューマニティを取り戻す』
（プレジデント社）
著者は外資系コンサルティング会社などを経験した独立研究者。物質的な豊かさが飽和し、しかし多くの人が不充足感を抱いている現代を「高原社会」ととらえ、これからの時代の経済社会や働き方のありようを鮮明に提示している。

宇都宮浄人
『地域再生の戦略——「交通まちづくり」というアプローチ』
（ちくま新書）
日本の地方都市はなぜシャッター通りが多く、クルマ依存なのか。ドイツ、フランスなどヨーロッパの都市政策を具体的に紹介しつつ、今後のまちづくりや地域再生の方向を「交通まちづくり」という観点からわかりやすく示した本。

広井良典
『人口減少社会のデザイン』（東洋経済新報社）
2008年をピークに日本は人口減少社会となった。これは人口や経済が増加を続け、人びとが「集団で一本の道を登っていった」それまでの時代からの根本的な変化を意味する。本書はそうした新たな社会のビジョンを包括的に描こうと試みる。

カルテ

№ 12

お悩み

「地球を元気にするには？」

担当医

山極壽一先生

（総合地球環境学研究所）

専　門

人類学

研究内容

山極先生はニホンザルやゴリラの研究を行なってこられた、霊長類研究の第一人者！「人間よりゴリラのほうが通じあえますよ」と気さくな笑顔を見せてくださいます。自然のなかで、ゴリラとともに生き、考えた、地球環境の今後とは……？

フィールドワークをするうえで、「これだけは外せない！」と思うことは？

「お互いのためならなんでもする」という気概《きがい》をもつことです。私たちのように野生動物相手の調査をする場合、絶大な信頼をおいて危険を一緒に冒してくれる相棒が必要です。そのためには、互いに命を賭けるくらいの気概がないと何もできません。私の一番の相棒はコンゴ民主共和国のゴリラ研究者ですが、内戦の際には日本に匿《かくま》ったり、結婚する際には仲介してつないだりと、とにかく丸ごと面倒を見ていました。

一方で、できないことはできないとはっきりさせる姿勢も必要です。私の師匠の伊谷純一郎さんの、そのまた師匠の今西錦司さんは、登山家でもありますが、「団結は鉄よりも固く、人情は紙よりも薄し」というモットーをもっていました。ふだんは冷たくてもいい。けれど、山の尾根を歩いているときはザイルでつながっているので、誰かが落ちたら全員落ちるんです。そこでは、お互いの命を守りあうために、鉄の団結がいります。特に海外でフィールドワークをするときは、洪水が起こったり、象や猪、バッファローなどに襲われて動けなくなったりと、想定外のことがたくさん起きます。そこであと先かまわず身を挺《てい》して守ってくれるのは、信頼できるパートナーだけです。そんなパートナーをもつことが、フィールドワークの鉄則だと思いますね。

有効成分

人間も環境の一部。その大きな流れをとらえる、共存のための工夫

新型コロナは野生生物由来のウイルスですが、世界的蔓延について、ゴリラの研究をされてきた先生が思われるところはありますか？

新型コロナに限らず、エボラやＨＩＶなどは類人猿が中間宿主になったウイルスです。二〇世紀末から中央アフリカで流行したエボラウイルスは、夜行性のオオコウモリからゴリラに感染して、人間へと媒介されました。エボラ感染が動物から人間にまで拡大した原因は、人間の行ないにあると私は考えています。というのも、オオコウモリは夜行性なので、昼に活動するゴリラとは出会わないはずなんです。けれど森林伐採によって、ゴリラとオオコウモリのエサである果実がなる木が減ってしまった。それで、その木で採食したゴリラがたまたま夜寝ているところに、オオコウモリがやって来てエボラに感染したと考えられます。

そこから都市部の人間にまで感染が広がったのにはもう一つ理由があって、現地の人びとが現金収入を得るための手っ取り早い方法として野生動物を獲って、その肉を都市に売り出したからなんですね。昔であれば、森で獲った動物を新鮮なまま都市まで運ぶことはできませんで

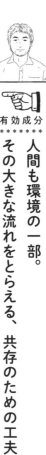

したが、今は伐採道路を使って大量の肉を運搬できてしまうようになりました。さらに携帯電話を使って都市の消費者と契約もできる。そういったなかで、エボラに感染したゴリラも都市に運ばれました。エボラの感染拡大は、このような人による二重の影響なんですよ。今回の新型コロナも、市場で売られていたセンザンコウがコウモリからウイルスをもらっていたことが原因だと言われているし、病原体と野生動物とが共存している地域に人為の影響が入ることで、それらが飛び出してくるという状況が、今世界各地で起こっているんです。

　一方で、これまで人間と共存してきたウイルスや細菌もあります。その証拠として、人間の遺伝子の数パーセントはウイルス由来と言われていて、たしかにウイルスによって人間が得をする時代もあっただろうと思うんですよね。よく考えてみたら、人間はたった一種なのに世界のあらゆる土地に適応しています。それは文化の力によるものだけではなくて、たとえば高地や極地に適応できるような生理的な変異が、ウイルスによってもたらされたからなのではないかと。オオコウモリも、エボラウイルスと共生して発症しない宿主になっています。新型コロナに関しても、そのような状態にまでもっていくことができればいいわけです。

？そのためにはどうしたらよいのでしょうか？

その発想の転換にあたって役立つのが、東洋の自然観です。西洋の自然科学的な考えからす

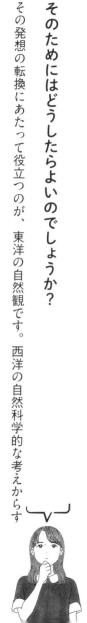

れば、細菌やウイルスは人間に悪さをする主体であり、それを根絶させるべくいろいろな薬を作ることになる。僕が五〇回以上かかったマラリアという病気に対しても、たしかにマラリア原虫を殺す薬があります。けれど、薬に耐性をもったマラリアが次々と出てくるんです。一方で漢方薬は、マラリア原虫を根絶せずに、時間をかけながらその働きを弱める。病気の源と人間との関係にもとづいて、病気の源と共生することを促進しようという医学なんですよね。つまり、東洋の考え方では、人間とそれを取り囲む環境とを一つのものとして大きな視点でとらえています。

西洋近代の宗教では「人間は、神から自然環境を管理する能力を与えられている」ので、自然はコントロールする対象だと考えられていました。そこには必ず「人間」、あるいは何かの主語があるわけですよ。デカルトが「我思うゆえに我あり」と言ったように、「思っている」主体はただ一つ、「自分」でしかありえません。

一方で、京大の西田幾多郎や今西錦司が提唱したのは「述語の論理」です。つまり、日本では自然環境と人間との境目が曖昧で、むしろ一体だと考えています。人間が環境に影響を与えていると同時に、環境も人間に影響を与えているんです。これが、西田幾多郎が言った「主体が環境を作り、環境が主体を作る」ということの意味です。

西洋は「AはAである、Aは決して非Aではない」という考え方ですが、東洋は「Aは非Aでもあるし、あるいはAでも非Aでもない何かがあるかもしれない」というふうに、ものの間に存在する何かがあると考えます。今流行っている「複数の自分がいてもいいんじゃないか」という考え方や「分人論」も、そのような考え方に端を発しています。

最近の環境問題で言われているエコシステムも、西洋の要素還元主義的な見方と、東洋の全体論的な見方を組みあわせる必要があるんです。要素に還元するだけでは物事は解決しません。そして「全体を見る」ために重要なのは、流れをつかむことです。

そもそも生命は時間と空間を同時に体現する存在です。けれど西洋の自然科学は要素還元主義的で、動きを止めて空間的にしかものを見ていないんです。死んだ生物をプレパラートにして、それを顕微鏡で眺めている。ところが、生物は動くことにこそ特徴があるわけで、しかも時間と空間を同時に動いていいます。古くは鴨長明が「ゆく河の流れは絶えずして」と言っていますが、「流れ」こそが生命の原理なんです。生命や人生だけでなく、輪廻《りんね》の思想も流れですし、気候変動もそうです。雨や大気、生物の流れがあるところで変わると、ラニーニャ現象やエルニーニョ現象のように、全体に影響が及ぼされます。一つの原因を止めても解決にならないので、全体の流れと関係性を意識しながらそれを調整していくことが大切だと思います。

有効成分

環境問題を解決するカギ、「シェア」と「コモンズ」！

？ 最近はCO_2の売り買いやグリーンニューディールなど、環境問題をお金や経済の側面でとらえてしまう傾向があると思います。

それについては経済学者の斎藤幸平さんとも話をしたんですが、SDGsもグリーンニューディールもネガティブエミッションテクノロジー（NETs）も、すべて生産性の向上を認めている思想なんです。けれど、欧米主導の資本主義や、無限の生産性の向上を求める時代はもう終わりました。低成長とまでは言わないけれど、脱成長の時代なんですよ。

それを乗り越えるには、欧米主導ではなくて、グローバルサウス、南の低開発国主導の伝統知を学びながら、持続的な暮らしを立てていくことが必要だと思います。私が調査をした熱帯アフリカの人びとは、採集をしたり釣りをしたり、畑をやったり、大工仕事をして家を直したり家具を作ったりと、なんでもやって生活をしています。それをとても楽しんでいる。それに、アフリカで伝統的にやっていた農業は、多様な作物を作って種をとるというやり方で、いろいろな種類が混じっているので、気候変動があってもそのうちのいくつかの種は生き残るんです。

そうして、たくさんの人の協力によって農業が運営されて、みんなが潤っていました。

けれど今は発展途上国の農業は、先進国のビジネス戦略に乗ってしまっています。一斉に単一作物を作っていて、特にアフリカの国々ではバイオエネルギーのためのトウモロコシ栽培が推奨されていますよね。その食べ物は自分たちのお腹に入るのではなくて国際市場に行くので、市場価格に左右されるし、高価な種や肥料を買う必要があって、作れば作るほど収支がとれなくなる。すると結局、限られた人しか潤いません。その変化を、僕らはゴリラの調査をしながら目の当たりにしてきました。グリーンニューディールによって生産性は高まるかもしれないけど、それは単一作物を工業化して作ることと同じであって、人びとは幸福にはならないし持続的でもありません。今後はもっと地元の人びとの生活や文化に寄り添って、農業を考えていく必要があると思います。

？もっと身近なところで、環境問題をお金以外で解決する方法はあるでしょうか？

斎藤幸平さんが提唱しているのは「所有価値から使用価値への転換」です。今までは「マンションの一番上の階に住んでいる人、外車に乗っている人はお金持ちでえらい」というように、「持っていること」こそが価値だった。けれど、モノを「持っている」だけでは、その価値は出てこないんです。お金を貯めておくだけでは、将来は買えません。

そこで、「使用価値を重んじる」ことにしてみると。僕が名誉園長を務めている京都市動物園では、農家の協力を得て、これまで捨てられていた規格外の野菜を提供してもらっています。動物にとっては、野菜の見た目も規格も関係ないからです。ここには使用価値が発生しますね。農家も捨てるコストがいらないし、動物園も飼料経費が減る。一挙両得です。あと私の家は農家の方と契約して投資額に見あう野菜を定期的に送ってもらっています。これまでのように消費者のニーズにあうように大量生産をしていると、どうしても余ってしまうんですね。けれど、生産者のニーズにあわせて作れば、作ったぶんだけ出荷すればいいので、余りが出ない。日本では食料の半分が捨てられていると言われていますが、このような生産と消費のつながりの見直しを通して、その状況も改善できると思います。魚も、漁師さんから送ってもらっています。どんな魚が来るかは毎回わかりませんが、それもまた楽しいですよ。

人のつきあいのなかでモノが交換されるそのような商売は、信頼も作っていると思います。昔は物々交換という形で、市場で人がやりとりしながら売り買いをしていました。最終的にはモノとモノを結んでいますが、その過程で会話が生まれ、人びとの生活の背景が語られる。社交の場になっているんです。一方で今のマーケットは、モノが作られた背景も売られた背景もわかりません。

そんな状況のなかで今、シェアとコモンズという視点が注目されています。たとえばフリーマーケットというのも、インターネット上でできるシェアです。いらないものでもほかの人が使える、まさに使用価値です。カーシェアやハウスシェアなども増えてきていますね。それと同時に、国、あるいは地方自治体がすべきなのは、コモンズ、つまり公共財を増やすことです。すでに医療や教育は負担軽減が進んでいますし、衣食住にかかわることも、もっと公共財にしていけばいい。たとえば、お金を払わずにご飯が食べられる子ども食堂、親子食堂は全国に七〇〇〇以上ありますが、それをどんどん増やしていけば、お金がなくても日々の食事には困らないようになります。寄付や委託でお金を集めて、自治体や企業が、あるいはお金をもっている人が、誰でも使える公共の場所を増やしていけばいいと思います。

有効成分

＊＊＊＊＊＊＊

「人間、迷惑をかけあってなんぼ」という寛容さ

？コロナ禍で、直接会わずにオンラインで感情を伝える時代になっていますが、オンラインは対面に劣るものなのでしょうか？

オンラインのテレビ通話も文面によるコミュニケーションも、不完全なものだと思います。
これまで対面でコミュニケーションをとっていた時代は、言葉だけで通じあえない部分はジェスチャーや視線、態度で補ってきていました。言葉は、文脈によって、相手によって、場の状

況によって、大きく意味を変えるものです。だから、違う場所にいる人、しかもつきあいが浅い人同士が、オンラインで言葉を交わしたところで、本当の意図をうまく伝えあえるはずがないんです。

？そんななかで、人間らしさを取り戻すにはどうしたらよいのでしょうか？

たとえマスクやフィルターに遮《さえぎ》られていても、できれば会って一緒に食事をしたり、音楽を演奏、鑑賞したりできれば一番いいと思います。SNSで言葉は共有できますが、言葉というのは五感のうち視覚・聴覚を利用したもので、共有しやすいからこそ、騙《だま》しやすいし騙されやすいんです。オレオレ詐欺も、聴覚で騙している。一方で、嗅覚・味覚・触覚は共有しにくい。だからこそ、お互いに共有しようとして近づいて、共感や信頼が生まれます。でも視覚・聴覚はそれほどの気持ちがなくても共有できるので、信頼できる関係を作りにくい。

これまで我々は、睡眠や食事以外の時間を社会的な交流のために使ってきたんですね。だからこそ信頼を築き、共同作業ができる。それが社会の根本でした。相手が人間でなくても、山でも川でも石ころでもいいから、何かとの出会いを通じて気づきを得て、新たな何かを創造したり、あるいは未来を構想したりする、それが本来の人間の生き方なんです。

けれど今人びとは、その時間を捨象して、一人でパソコンやスマホを見ています。でもその向こうに人はいないんですよ。たとえその情報を交換しあう相手がいたとしても、実際に目の前にいるわけではありません。身体でつながっているんではなくて、情報通信機器を介した情報によってつながっている。それで本当に信頼が作れるんだろうか、社会は維持できるんだろうかという話です。

? 交流や出会いを求めていても、「時間の制限があってできない」という人も多いと思います。

今、特に日本では「自己実現・自己責任」というのが非常に強く言われていて、その荷が重いんだと思います。「自分のために時間を使って、何かを成し遂げなさい」と提唱されていて、それでいて、失敗したら自分で責任をとらないといけない。逆にいうと、自分で責任をとらないといけないから、失敗したり迷惑をかけたりしないようにがんばって時間を有効活用する必要があるんです。

でも、迷惑ってどうしてもかかっちゃうんですよね。それなら「自分が人に迷惑かけたとしても、今度は自分が人に迷惑かけられたらいい」という迷惑の互酬性が成り立てば、別にいいじゃないですか。人間ってもっと助けあっていいし、依存しあっていいし、他人に迷惑をかけていいんですよ。人から迷惑をかけられるほうが幸せなことっていうのもけっこうあって、たとえば子どもに迷惑をかけられても楽しかったりしますよね。自分が不利益を被《こうむ》っても他者や

集団に尽くしたいという気持ちがあるのは、人間とチンパンジーの大きな違いです。その気持ちは人間の本質だと思います。

私はアフリカで長いこと暮らしてきましたが、みんな、人に迷惑をかけちゃいけないなんて思っていないんです。逆に彼らは、迷惑によって人間関係が作られると思っています。だからひっきりなしに迷惑やちょっかいをかけてくる（笑）。たとえば、私が腕時計をしていたら「その時計いいね。俺にくれないか？」って言ってきて、こっちとしては「なんでお前にやんなきゃならないんだよ」って思いながら（笑）、でもその態度は、彼らにとっての関係づくりなんですよ。日本人はなるべく他者とかかわらないようにして自己を守って、相手のことも尊重した気でいますが、本当にそれでいいのだろうかと感じますね。

社交というのは、自分の時間を相手に預けて「私たちの時間というものを一緒に作りましょう」という提案なんです。逆にそのかまえがなければ、自分の時間と相手の時間をただ接触させるだけになってしまいます。若い世代の人びとはみんな自分の時間を生きていて、他者の時間を生きていない。だから、無駄話を長い時間すると「損したな」と感じてしまうことが多いんです。それは時間を相手に預けているのではなくて、自分のために自分で計算した時間を生きているからです。

最近はみんな「どういう事情でどういう目的があってどこに行く」という細かいスケジュールを立てて時間を計算して、そのとおりに動いていますよね。でも昔は、みんなスケジュールを立てるのではなく日記をつけていたんです。未来を計画するのではなく、過去にやったことを振り返っていました。

時間の感覚は、どうしてここまで変わってしまったのでしょうか？

そもそも「時間消費」の感覚ができはじめたのは、産業革命からです。工業化を進めるなかで、製造過程を時間によって計算する必要があったため、時間によって労働を管理したんです。そうして労働集約型社会になって、自然の時間でない人間の時間が作られて、その時間内にどう働くかによって賃金が決まるようになった。まさに「Time is money」という考え方がそのとき出現しました。それでも、情報通信機器が出てくるまでは今ほど堅苦しくはありませんでした。

そして今は、知識集約型社会です。情報を集めてばらまいて、人びとを誘導して製品を買わせたり、知識で時間を消費させたりする。そうして、期待値をどんどん高めていく方向に行ったんです。

昔はスケジュールを立ててもそのとおりに行かないので、誰もあてにしていませんでした。けれど、狩猟採集から農耕牧畜の時代になって、天候に応じて種をまき、肥料をやり……という手順が必要になると、期待値を弾き出さないといけなくなる。それが産業革命時代になって、短時間で工業製品を大量に仕上げて利益を生み出す方向になって、そうして高まっていく期待値のなかで、我々は気づけば、スケジュールどおりに生きられるようになったんです。そして、今やスケジュールどおりに生きないとダメだと感じてしまっています。

？今の私たちの「時間がもったいない」という感覚は、工業化にともなって、労働者として管理されはじめたことに由来するんですね。

産業革命以降、ものづくりだけでなく、農業や漁業も含めたあらゆる産業が工業化されました。その結果、同じ値段で同じ質のものを作ることをめざすようになりました。そうすると、「同一労働同一賃金」という話になりますが、そうであってはならないと私は思います。製品は、それを作ったプロセスと投資した金額に見あうだけの価格がつけられるべきであって、状況や生産者の能力、努力に応じて価格が違ってかまわないものです。「同じ仕事をしているから同じ賃金を」というのは機械化の第一歩じゃないですか。機械は同じコストで動きますが、人間はそうはなれないですよ。その考え方はたしかに、期待値を弾き出しやすいかもしれないし、効率的で生産性を高めるかもしれないけれど、人間を尊重してはいません。

人間はそれぞれ違った個性をもっていて、その個性がぶつかりあうことで新たな気づきが生まれ、過去と違った未来を創造できる。だからこそ、「違うもの」に評価を与えないといけないのに、それが今の時代では完全に抜け落ちていると思います。

日本がもっている個性、強さとは、それぞれの地域の多様性なんです。数千年の文化の歴史のなかで、江戸時代には三〇〇近い藩にわかれて地域特有の産業も育ちました。江戸幕府は参勤交代をはじめとした強い地域統制をしても、産業は統制しなかったんです。明治時代以降できた国立大学も、その歴史の上にあります。今、全国にある八六の国立大学は、地域の文化を担う拠点として育ってきました。その個性がいまだに残っているからこそ、日本の文化や産業はまだ大きなポテンシャルをもっていると言えるんです。

有効成分
＊＊＊＊＊＊＊

多様な自然と文化を同時に守る、地域に根ざした生活

？ 多様な地方の可能性について、日本の未来も見据え、先生のお考えを聞かせてください。

京都には、日本の伝統文化からヒントを得たり、伝統文化の土壌の上に成り立ったりしている会社が数多くあります。そのような産業の種を、それぞれの都市がもっているし、その種を活かせると信じて本社を地域に置いている会社がたくさんあります。そういうことを見逃したらいかんと思うんですね。

地域に関心が向けられているという話で言うと、二〇二一年は東京からの転出超過が起こりましたね。人口密集地帯よりは地方に住みたい、あるいは地方で子どもを育てたいという若い世代が増えています。子どもを育てるのに適した環境は、決して都会ではないと思います。しかも、地方の生活は都会よりお金がいらない。ある計算によると、地方では一世帯あたり、年間二五〇万円あれば生きていけるけれども都会では七〇〇万円いります。地方で暮らせば、兼業したり、あるいは野菜は地域の人でわけあったりして助けあいで生きていける。子育ても、近所のお年寄りが面倒を見てくれる。車も通らないから道でも遊べるし、自然にも親しめます。

さらに、歳をとって四つん這いになっても、畑では仕事ができる。都会で四つん這いでできる仕事なんてありませんよ。お金を稼いで将来のために貯めるより、そんな現実の生活の価値のほうがよっぽど重要だと考える人が増えてきたんです。それに、地方での日々の暮らしは、土地に根ざした、自然環境にあったもので、川や海があれば魚が採れるし、野や田があれば野菜や米が作れる。多くの人が、そんな日本の地方の豊かさに自覚的になってきている風潮があります。

そして先ほども申し上げたように、それぞれの地方には特有の文化もあります。自然も文化も豊かなんですね。二〇〇一年ユネスコ・パリ総会で採択された「文化的多様性に関する世界宣言」では、第一条に「生物的多様性が自然にとって必要であるのと同様に、文化的多様性は、交流、革新、創造の源として、人類に必要なものである」とあり、第七条には「創造は、（中略〕ほかの複数の文化との接触により、開花するものである」とあります。文化は多様だからこそ、自然の多様さと同じように安定性と変化を同時に担保できるものですし、たくさんの文化をもっていると変動にも強くなります。特に、日本列島は自然の多様性の上に文化の多様性がそろっています。そんな環境は我々の誇りであり、地球の財産とも言えるものだと思いますよ。

処方箋　№12

地球上には、多様な自然と文化がある！　その可能性を信じ、地域の人びととつながり、ゆっくりした時間をともに過ごしてみては？　世の中の生きづらさやコミュニケーションの不都合も、解決できるかも！

症状にオススメの本

チャールズ・フォスター
『動物になって生きてみた』（河出文庫）
アナグマやカワウソやキツネになってみて、彼らと同じ暮らしを体験してみた一風変わった動物学者の手記。人間の側から見ただけではわからない、動物の世界が広がってくる。世界が違って見えるはず。

藤井清美
『京大はんと甘いもん』（KADOKAWA）
思わぬきっかけから明治時代にタイムスリップして京大生になってしまった栄太郎君。バンカラの下宿生活は、甘いお菓子と切ない恋のドラマだった。古きよき時代の京大。質素な時代の活力がよみがえる。

松村圭一郎
『これからの大学』（春秋社）
「学び」は商品ではなく、どう受け取ってもらえるかわからないまま、何につながるか未定のまま手渡される「贈り物」であると著者は言う。「知識」や「経験」を得ることよりも、そこにたどりつくための「方法」を学ぶことが大切。

山極寿一
『京大というジャングルでゴリラ学者が考えたこと』（朝日新書）
ゴリラの研究者から突然総長になってしまった京都大学の不思議な世界と、大学が今抱えている大問題を語った。人間にとって学びとは、教育とは、研究とは何か。科学は何のためにあるのか。そして、未来をどう見据えるか。

待合室の小ばなし5

私の読書術

藤原辰史

私は今は読書が大好きですが、じつは高校まで、活字が本当に嫌いだったんですよ。読んでいても三行くらいで違うことを考えてしまって、文章を読むことが苦痛でしょうがなかった（笑）。

京大入試の国語だけは四角い枠内に自由に書いてよかったのでなんとかクリアできて、総合人間学部に入ってからは一週間に一回本を読むことが課題のゼミに入りました。ただそれがしんどくて、「じゃあゲーム感覚でできれば」と思い、民族学者の梅棹忠夫の『知的生産の技術』の京大カードを真似して、読書記録のカードを書きはじめたんです。読んだ本の印象に残ったところを引用するだけだったんですが、続けているうちに読書が楽しくなって……それがスタート地点でした。

そして大学三年生のときに本をこよなく愛する恩師に出会って火がついて、

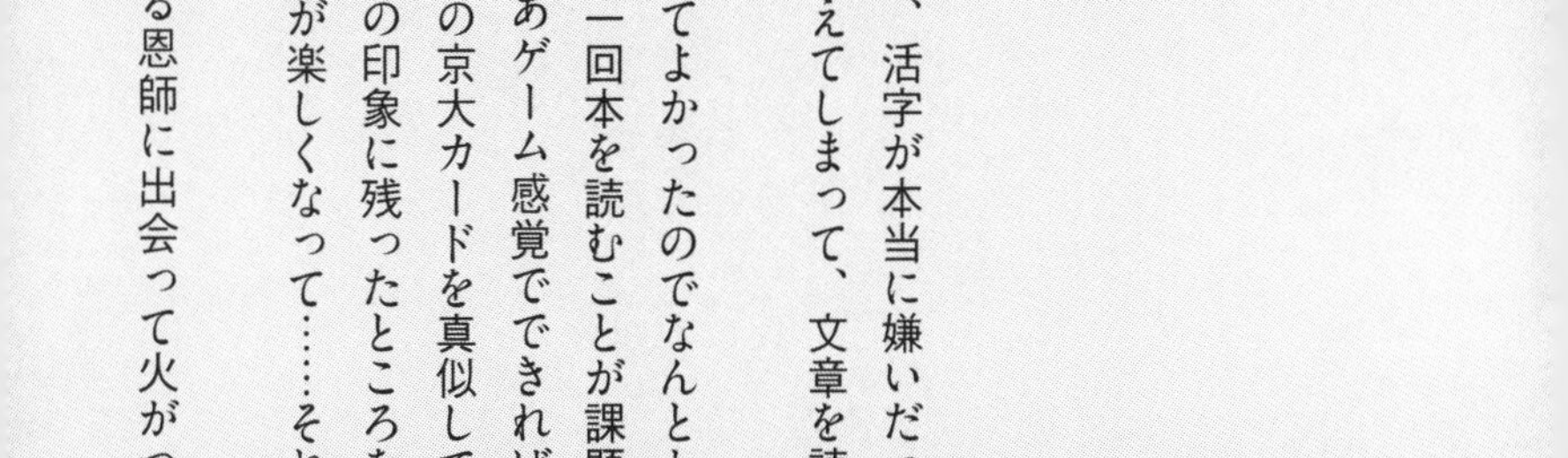

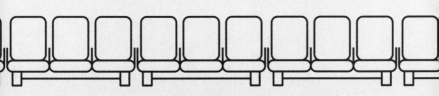

誰にも負けないくらい読書しようと思ってがんばりはじめたんです。これが、昔から続けてきた、私の文献のストックの方法、一つ目です。

二つ目は、頭のなかに、パソコンのようにフォルダーを作ることです。一冊の本、もしくは一本の論文につき一個のフォルダーがいつも同時進行で五個から一〇個くらいあって、そこに整理するようにします。

三つ目、これが一番オススメなのですが、書評を書くことです。私は読売新聞と朝日新聞で書評委員をしてきていて、ここ四年はずっと出たばかりの本を読んできました。やはり月に二回くらい書評を書いていると、否が応でも頭のなかに本の内容が蓄積されます。

本の内容を学ぶには、誰かに向けて感想を書くのが一番です。「自分一人に向けてでも書評を書くんだ」、あるいは「レポートを書くんだ」と意気込んでみたり、ネット上にブログで感想を記す習慣をつけ、それにあわせて本を読んでいったりしたほうがより実践的に読書ができます。一方で、私はそれ以外に趣味としての読書の時間も大事にしています。思考を自由に羽ばたかせるためには、それも必要な時間だと思います。

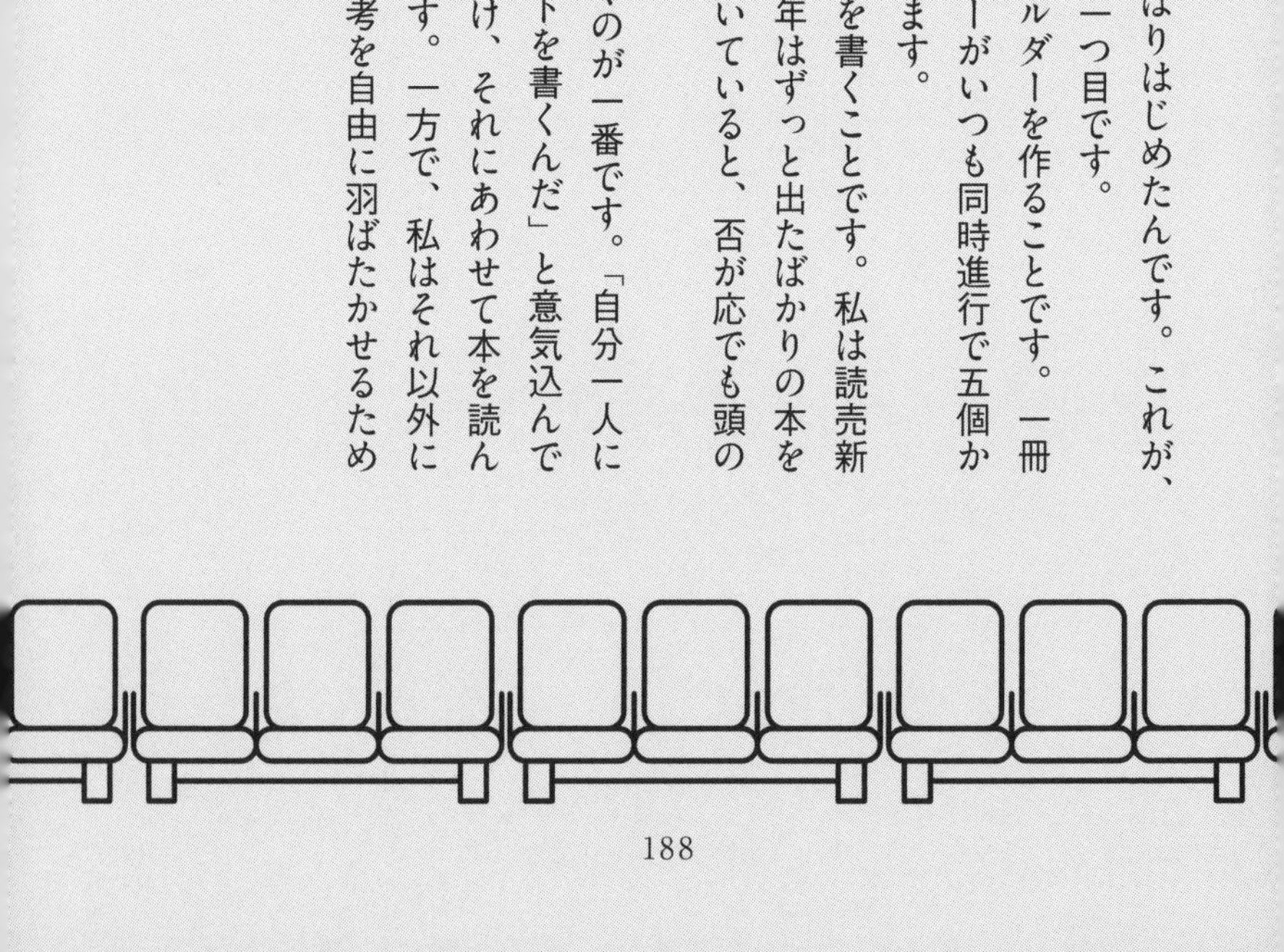

待合室の小ばなし6

モチノキの教え

菊池恭平（京都大学大学院人間・環境学研究科修士課程二年）

「あの木はモチノキっちゅーて、剝《む》いた樹皮を川に浸けて叩《たた》くととりもちが採れるずら」

これは南信州の山中で出会ったヤスオさんという老紳士から伺った話です。二〇二二年の正月、冬季休暇中の小旅行で中山道の旧宿場町・奈良井宿を訪れていたときのこと。

ひととおり宿場の散策を終えて日も傾きかけた頃、民俗学者・宮本常一の「新しくたずねていったところは必ず高いところへ上ってみよ」（『民俗学の旅』講談社学術文庫）という言葉を思い出しました。そこで、高台を求めて少し道を外れ、雪を踏みわけ山道を歩いているところで出会ったのがヤスオさんです。

この日は時折雪がちらつき、宿場の水舟（共同の水汲み場）も凍りつくほどの寒さだったのに、生業やこれまでの暮らしなど、ついつい話しこんでしまい

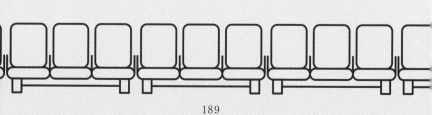

ました。

印象深かったのが食生活の話。ヤスオさんがまだ小さかった頃「秋口におるツグミはよう脂が乗っとって、とりもちで獲って食べると本当に美味しかった」のだそうです。正直にいうと、この話を聞いて僕はヤスオさんをとても羨ましく思いました。

鳥肉といっても鶏の味くらいしかわからない僕の目の前に、僕が味わったこともない味覚を知る方がいたのですから（鳥獣保護法によってツグミが禁猟の鳥となって以来、この秋の味覚を知る人はほとんどいなくなってしまったそうです）。

ツグミの話題で盛り上がっていると、ヤスオさんがおもむろに近くの木を指しておっしゃったのが冒頭のセリフです。この一言は私にとって非常に衝撃的なものでした。身のまわりの自然から食料を獲得する知恵をもっているヤスオさんを前にして、「あぁ、あくまで僕はふだんスーパーなどで食料品を『購入』しているのであって、自分の食料を『自分で獲得』する術なんてもっていないんだ」という事実をまざまざと突きつけられたからです。

このように時としてフィールドワークは現代都市で生活を営む私たちに、自身の身体と自然環境とを鋭く接触させるとともに、私たちの「生き方」そのものに揺さぶりをかけることさえあります。

こうした「いつでも」「どこでも」はじめられる、もしくは、はじまってしまう、時と場所に制限されない偶発性のなかにこそフィールドワーク最大の魅力が詰まっているのだと思います。

フィールドではたくさんの出会いがあり、みずからの知識や価値観を転倒させられることもしばしば。ふと旅先で立ち寄った場所でも、日常生活でも、フィールドワークははじめられます。みなさんもポケットにノートを忍ばせ、「人に出会う旅」へ出かけてみませんか。

菊池くんは、私の学部時代のゼミの友人で、この企画ではインタビューに同行してくれました。民俗学と歴史学、人類学と建築学などのはざまでフィールドワークを行ない、日本各地を歩きまわっています。

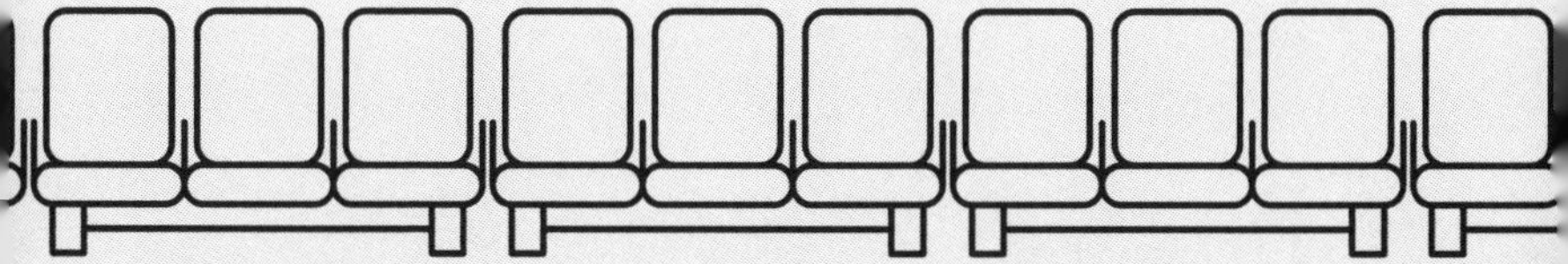

あとがき――相談後も、お大事に！

この企画を思いついたのは二〇二〇年の夏のことでした。それから原稿がすべて完成するまで約二年。その間にいろいろな先生方のもとへ直接伺い、お話を聞かせていただきました。えらそうな顔で「有効成分」や「処方箋」を抽出して掲げている私自身も、実際は山あり谷ありの人間で、各カルテの冒頭に掲げられている悩みは私自身の悩みでもあります。

私はずっと、「自分という枠なんて、なければいいのに」と思いながら生きてきました。「現世で一人分の人生しか生きられないなんて、つまらない！　日替わりランチみたいな感覚で、毎日世界各地のいろいろな人になりかわって、何億とおりもの生活や気持ちを経験してみたい」と。けれど、実際に先生方のお話を通して世界中の人びとの生き方を聞きかじってみた結果わかったのは、その人生の違いを味わい、驚いたり感動したりできるのはきっと、土台としての自分という存在があってこそ、ということです。「私」の生命という逃れられない運命を背負っているからこそ、私は昨日も今日も明日も、変わらない一貫した人間として、世界を感じ、人とまなざしを交わし、たとえ小さくとも自分以外の存在に対してなんらかの影響を与えることができるのだろうと思います。

自分という枠のなかで生きることに対する閉塞感や苦しさも、もしかすると、自分で「こうでなくちゃいけない！」と決めていることからくるものかもしれません。

先生方のお話を全部つなげてみた大きな流れのなかで、あるいは全世界の全歴史を俯瞰《ふかん》する大きな視点から考えてみれば、私が「こうでなくちゃいけない！」と思っている道以外にも、もっといろいろな生き方や「正解」の形があるのだろうと感じます。これまで地球上で生きてきた人びとの数、そこで歩まれてきた人生の数は気が遠くなるほど多いはずです。そのうちのたった一人の私が選択肢Aを選ぼうと選択肢Bを選ぼうと、私のメンタルが凹《へこ》んでいようと凹んでいなかろうと、（よっぽど倫理に反さないかぎり）すべて誤差のようなもので、「それなら今この瞬間、私を含めて一人でも多くごきげんな人がいるほうが、いい世界だな」と楽にかまえられるようになりました。

今大変な状況を生きている方もたくさんいらっしゃるかと思いますが、せめてこの本を読んでくださった方々には、この本のなかのエピソードを通じて、少しでも前向きな気分になっていただければ嬉しいかぎりです。

最後になりましたが、この本を作るにあたっては本当にたくさんの方々にお世話になりました。この本は私が編者となっていますが、内容の大部分は私が生み出したものではありません。世界中の数知れない人びとが息をし、生活をし、喜怒哀楽を経験してきた足跡であり、その生命のパワフルさの表出であり、さらにそのエピソードを日本社会に持ち帰り、還元してこられた研究者の先生方のご活動の賜物だと思っています。

インタビューに快く応じ、ご理解をくださった一五名の先生方、驚くようなエピソードを通して、私たちの心の旅を可能にしてくださった世界各地の方々、毎度のインタビューに同行し、企画について一緒に頭を捻《ひね》ってくれた菊池恭平くん、応援の言葉で力強く背中を押してくれた大切な友人たち、いつも温かく見守ってくれた家族、そして一学生の私を拾いあげ、幾度にもわたる修正を一緒に進めてくださった世界思想社の望月幸治さん、そのほかかかわってくださったすべての方々、本当にありがとうございました。

「旅するモヤモヤ相談室」はこれにて幕を閉じますが、想像力の旅の切符は、「知ろう」「目を向けよう」と思えば誰もが、いつでも手に入れられるものだと思います。この本を読み終えたあとも、みなさんが「今、ここ」だけでないさまざまな世界に想いを馳せて、明るい気持ちになっていただける、そんなきっかけの一冊になればと願っています。

二〇二三年一月

木谷百花

木谷百花（きたに・ももか）
1997年、富山県生まれ。2018 年、タイの薬剤耐性菌についての調査で第 3 回京都大学久能賞を受賞。現在、京都大学医学部医学科 6 年生。将来の目標は、内科医として患者さんの話に耳を傾け、深く関わりながら治療に貢献すること。

旅するモヤモヤ相談室

2023 年 3 月 20 日　第 1 刷発行

編　者　木谷百花
発行者　上原寿明
京都市左京区岩倉南桑原町 56　〒 606-0031
電話 075（721）6500　振替 01000-6-2908
http://sekaishisosha.jp/

ブックデザイン　佐藤亜沙美
絵　あわい

（印刷 中央精版印刷）

ISBN978-4-7907-1781-2